"十四五"国家重点出版物出版规

丛书主编　杨蕙馨　　制造业高质量发展与企业成长

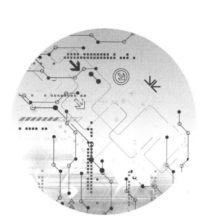

网络时代制造企业跨界转型的路径与对策研究

冯文娜　著

Research on the Roadmap and Strategy of
Boundary-Spanning Transformation of
Manufacturing Enterprises in Network Economy Era

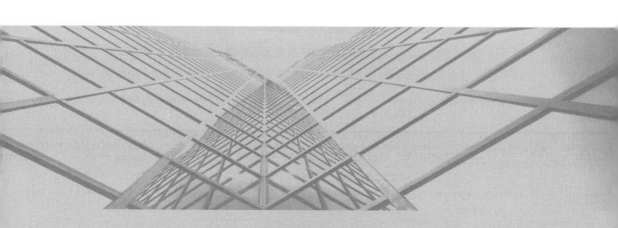

中国财经出版传媒集团

经济科学出版社
Economic Science Press

图书在版编目（CIP）数据

网络时代制造企业跨界转型的路径与对策研究/冯
文娜著 . -- 北京：经济科学出版社，2023.2
（制造业高质量发展与企业成长丛书）
ISBN 978 - 7 - 5218 - 4556 - 3

Ⅰ. ①网… Ⅱ. ①冯… Ⅲ. ①互联网络 - 应用 - 制造
工业 - 企业发展 - 研究 - 中国 Ⅳ. ①F426.4 - 39

中国国家版本馆 CIP 数据核字（2023）第 032615 号

责任编辑：于 源 冯 蓉
责任校对：蒋子明
责任印制：范 艳

网络时代制造企业跨界转型的路径与对策研究

冯文娜 著

经济科学出版社出版、发行 新华书店经销

社址：北京市海淀区阜成路甲 28 号 邮编：100142

总编部电话：010 - 88191217 发行部电话：010 - 88191522

网址：www. esp. com. cn

电子邮箱：esp@ esp. com. cn

天猫网店：经济科学出版社旗舰店

网址：http://jjkxcbs. tmall. com

北京季蜂印刷有限公司印装

787 × 1092 16 开 11.25 印张 196000 字

2023 年 7 月第 1 版 2023 年 7 月第 1 次印刷

ISBN 978 - 7 - 5218 - 4556 - 3 定价：48.00 元

（图书出现印装问题，本社负责调换。电话：010 - 88191545）

（版权所有 侵权必究 打击盗版 举报热线：010 - 88191661

QQ：2242791300 营销中心电话：010 - 88191537

电子邮箱：dbts@ esp. com. cn）

本书受国家哲学社会科学基金一般项目（批准号：17BGL082）、教育部创新团队项目（批准号：IRT_17R67）山东大学人文社科创新团队的资助。

总　序

　　2017 年，党的十九大报告做出了中国经济已由高速增长阶段转向高质量发展阶段的重大判断，并再次明确指出要"加快建设制造强国"。同年，中央经济工作会议强调，"要推进中国制造向中国创造转变、中国速度向中国质量转变、制造大国向制造强国转变"。2018 年，中央经济工作会议在确定次年重点工作安排时，将"推动制造业高质量发展"列为首要任务，并强调"要推动先进制造业和现代服务业深度融合，坚定不移建设制造强国"。2019 年，政府工作报告进一步明确，"围绕推动制造业高质量发展，强化工业基础和技术创新能力，促进先进制造业和现代服务业融合发展，加快建设制造强国"。2020 年，政府工作报告再次明确要"支持制造业高质量发展"。"十四五"规划纲要、2020 年 12 月 16～18 日召开的中央经济工作会议一致强调，"以推动高质量发展为主题""促进制造业高质量发展""以高质量发展为'十四五'开好局"。2022 年，党的二十大报告指出"推进新型工业化，加快建设制造强国"。由此可见，新形势下推动制造业高质量发展是十分必要和紧迫的。

　　制造业是立国之本、兴国之器、强国之基，是一个国家综合实力和国际竞争力的直观体现。改革开放 40 多年来，中国制造业从小到大、从少到多、从内到外，已经建成了门类齐全、独立完整、实力雄厚的现代制造体系，产出规模跃居世界第一，开放水平逐渐提升，创新能力大幅增强，新业态新模式不断涌现，走过了发达国家几百年的工业化历程。然而，必须清醒地认识到，中国虽然是制造业大国，但还不是制造业强国，面临着包括产品同质化、产能过剩、在全球价值链上处于中低端位置等突出问题；与此同时，中国经济发展的外部环境也正发生深刻变化，在全球范围内单边主义、保护主义盛行以及新冠肺炎疫情、俄乌战争等因素的影响下，制造业的发展基础和演变逻辑已经出现了裂变。鉴于此，本丛书着力研究制造业高质量发展及其制造企业的成长问题，为制造业高质量发展及其企业成长贡献智慧。

杨蕙馨

2021 年 7 月于泉城济南

| 前　言 |

网络时代制造企业跨越传统产业边界向服务业、数字产业迈进已成为制造企业高质量发展的重要实现方式。与工业经济时代制造企业的多元化有着本质的区别，跨界是制造企业以顾客价值提升为目的的价值创造，跨界转型是涉及主导逻辑转换，组织目标宽度、组织目标领域、组织边界与创新活动发生实质性变更的重大战略变革。制造企业跨界转型不仅能够为制造企业创造新的收入来源，更能增强制造企业对环境变化的适应性。

本书包括五部分：第一，研究澄清了网络时代制造企业跨界与跨界转型的本质，梳理了跨界转型与服务化、数字化以及数字服务化等常见的制造企业转型范式间的关系。第二，从开放系统视角对制造企业跨界转型的理论机制予以分析，认为跨界转型是外部环境发生巨变条件下的企业适应性行为，是涉及产品服务系统与商业模式的全方位战略变革。战略变革的发生以识别外部环境变化为前提，以重构内部组织能力为支撑。因此，网络时代制造企业跨界转型既是环境互动机制的结果，也是价值生成机制的结果。第三，使用调查数据对制造企业跨界转型的环境互动机制与价值生成机制进行经验验证，为跨界转型机制的理论框架提供经验证据。在环境动荡性情境下，检验市场导向、创业导向与技术导向通过资源构建、资源捆绑与资源利用对制造企业跨界转型经济绩效与适应性绩效产生的直接与间接影响，发现战略导向与资源协奏的不同维度对制造企业跨界转型经济绩效与适应性绩效的差异化影响。第四，依据制造企业跨界转型的模式、发展阶段及所在产业的技术特性与生命周期差异，构建制造企业跨界转型的路径选择模型，对多样化路径的合理性进行讨论。第五，为推进制造企业通过跨界转型响应环境变化、增强环境适应性、创造新用户价值给出具体的对策建议。

本书贡献在于：第一，明确界定了制造企业跨界转型，对制造企业跨界转型绩效进行了操作化测量，澄清了制造企业跨界转型与制造企业服务化、数字化、数字服务化的关系。第二，对作为开放系统的制造企业与环境的互动关系进行了辨析，将组织生态理论与企业演化理论相结合揭示了制造企业跨界转型的触发机制与实现机制，将动态能力理论应用于组织适应性分析框架，拓展了组织适应性理论对适应性结果形成原因的解读。第三，将价值共创理论与企业演化理论的观点相结合，认为价值共创不只是一个资源整合的过程，更是能力演化升级的过程，拓展了以资源整合为核心观点的价值共创理论。第四，讨论了制造企业跨界转型的路径多样性，认为制造企业跨界路径的选择需与跨界模式、跨界阶段以及产业特性相匹配，丰富了现有研究对制造企业跨界转型复杂性的认知。

目 录
CONTENTS

第 **1** 章
绪 论

1.1　研究背景与研究意义

1.1.1　研究背景

网络时代既是一个颠覆的时代，也是一个充满机会的时代。首先，物联网、人工智能、云计算等新技术层出不穷，随着新技术的广泛应用制造业企业的生产效率被大幅提高、生产成本大幅下降，新技术的应用也为制造业企业转变制造范式从工业经济时代的大规模生产，到网络时代的全球化个性化制造创造了条件（黄群慧，2015）。其次，服务主导逻辑对产品主导逻辑的替代（Mert T.，2011），倒逼制造业企业转变价值创造观念，从用户价值创新视角重新安排价值创造过程。拓展增值服务成为创造新价值的主要途径，对于精益制造能力依然比较薄弱的大多数传统制造业企业而言，网络时代提供了一个弯道超车的好机会。再次，互联网为制造业企业克服物理时空约束（陈国亮，2016），转变应用场景从线下到线下与线上相结合创造了机会（李文莲，2013）。社群成为制造业企业接触用户、满足个性化用户需求的最佳场景。与此同时，从 2016 年工业和信息化部、国家发展和改革委员会、中国工程院联合发布《发展服务型制造专项行动指南》到 2020 年国务院发布《关于加快推进国有企业数字化转型工作的通知》再到 2021 年国家发展和改革委员会与其他十二个部门联合发布《关于加快推动制造服务业高质量发展的意见》，政府从制度层面不断推出新的法规与条例引导制造企业的跨界转型，并以此为契机推动制造业的高质量发展。在这样的背景下，制造企业借新一轮产业融合的东风跨界进入服务业、数字产业进行创造新收入来源的重大战略变革成为时代对制造企业高质量发展的内在要求。

长期以来制造企业转型升级一直是学术研究的重点领域，从制造产业全球价值链的位置攀升到制造产业高质量发展，制造企业转型升级与全球价值链、创新驱动关系的研究获得了长足发展、积累了大量理论成果。随着时代的发展，越来越多的研究认识到技术融合与市场融合的不断演进使制造产业呈现出与服务业、数字产业融合发展的趋势，制造企业转型升级开始表现出新的特征和区别以往的转型模式。从工业经济转换到网络经济，制造企业需要完成主导逻辑的转化，并克服阻碍推动跨界转型这一重大战略变革。因此，适应时代发展要求，理解网络时代制造企业跨界转型的触发和实现机制，寻找与时代相符合的转型路径与对策就成为亟须解决理论与现实问题。

1.1.2 研究意义

本书研究的理论意义与实践意义表现在：

在开放系统与价值创造双视角下，对网络时代制造业企业跨界、跨界转型的本质与跨界转型机制进行理论解读。本书归纳的新本质、提出的新观点是对未来研究具有启迪作用的新思考，网络时代制造业企业跨界转型是对用户价值空间和价值创造模式的突破与颠覆。对当前制造业企业跨界转型需要克服的阻力形成全面认知，采用逆向思维逻辑从跨界转型的阻碍因素角度切入跨界转型影响因素的分析中，对认知与能力惯性等阻碍因素的发掘与验证可以丰富人们对网络时代制造业企业跨界转型的理论认知。

为推进传统制造业企业转型升级提供新思路。在工业互联网与制造业高质量发展的大背景下，传统制造业企业作为国家产业体系转型升级的重点与难点，如何适应网络经济的时代要求高效率地完成战略转型，具有很强的时代性、典型性与示范性。本书不仅有利于指导传统制造业企业转型升级的经营实践，同时可以为其他传统产业企业在数字技术应用与主导逻辑转化背景下更好更快地完成转型升级提供借鉴。事实上，在制造业企业跨界进入服务业、数字产业的同时，同样遵循用户导向的服务主导逻辑，传统服务业企业也在跨界进入制造产业或数字产业，从纯粹的服务提供商转变为产品服务系统提供商。虽然，二者的跨界方向是相反的，但是所遵循的环境互动机制与价值生成机制却是相同的，因此，本书研究对于其他传统产业跨界转型同样具有一定的借鉴价值。

1.2　研究内容与研究方法

1.2.1　研究内容

本书研究的是网络时代传统制造业企业跨界转型的理论解析与路径对策设计，以价值创造为切入视角，分析网络时代制造企业跨界转型的本质、触发与实现机制，发现促进制造业企业转变价值创造模式的主客观因素，从价值创造角度设计不同情景下制造企业跨界转型的差异化路径，为推进制造企业跨界转型给出针对性的对策建议。

共分五个议题：（1）基于大量企业实践与前人理论研究就网络时代制造企业跨界、跨界转型的本质进行界定，澄清服务化、数字化、数字服务化与制造企业跨界转型的关系；（2）以探讨环境与制造跨界转型的关系为逻辑起点，将演化理论与价值共创理论相结合，就制造企业跨界转型的触发机制与实现机制从环境互动与价值创造两方面进行阐释；（3）遵循演绎逻辑使用调查数据对环境动荡性、战略导向、资源协奏与制造企业跨界转型绩效间的复杂关系进行实证检验，以验证制造企业跨界转型触发与实现双重机制的理论合理性；（4）针对选择不同跨界转型模式、处于不同跨界转型阶段以及身处不同技术特征与产业生命周期的制造业企业给出差异化的跨界转型路径；（5）依据案例分析、理论研究与实证检验的结果，从环境互动和价值创造两个维度给出网络时代传统制造业企业跨界转型的对策建议。

第一，网络时代制造业企业跨界与跨界转型的本质研究。

旨在回答网络时代制造企业跨界与跨界转型是什么的问题。与工业经济时代不同，网络时代制造企业跨界转型不仅是跨越组织边界、产业边界与技术边界，更是建立在产业融合基础上的，跨界进入服务业、数字产业的重大战略变革。网络时代制造企业的跨界转型始终围绕用户价值展开，从不断拓展用户价值空间入手获得新的收入来源，推进制造企业对环境变化的响应。因此，从用户价值创造视角，研究对网络时代制造业企业跨界转型的本质、方式与具体表现形式进行了澄清，指出了技术与非技术的融合式创新是跨界的本质特征，并将跨界转型界定为涉及主导逻辑转换的组织目标宽度扩大、组织目标领域转向、横纵向边界模糊以及产品服务系统创新与商业模式创新等组织活动发生根本性变更的实质性战略变革。

第二，网络时代制造企业跨界转型的机制研究。

网络时代制造企业跨界转型为什么会发生是机制研究要回答的问题，即从理论上解读制造企业跨界转型的原因，梳理影响制造企业跨界转型的内外部关键因素。一方面，研究将企业演化理论与组织生态理论进行了结合，充分讨论了外部环境与制造企业跨界转型的关系，整合"选择"与"适应"两个互补的环境互动过程。说明制造企业跨界转型既是市场、竞争、技术与制度环境变化的自然选择结果，也是制造企业主动适应环境变化而不断发生能力演化的结果。从环境对组织形式的选择解释为什么跨界转型是网络时代制造企业发展的必然趋势，从企业适应环境变化主动更新能力解释为什么不同制造企业跨界转型表现出不同的适应性。另一方面，研究将价值共创理论与企业演化理论相结合，就制造企业跨界转型的用户创造价值结果存在差异的原因进行理论解析，即回答为什么同时选择跨界转型的制造企业却在新用户价值提供上存在着企业间差异。要推进战略变革本质的跨界转型实现，制造企业需克服认知和能力上的阻碍，即从战略上认识到跨界转型的必要性并具有跨界转型所需的新能力。价值共创理论解释了制造企业与外部价值创造合作者共同创造用户价值的资源整合过程，企业演化理论则解释了制造企业根据环境变化形成新的能力的过程，结合两个理论使用资源协奏这一反映资源获取、新的能力生成与能力配置利用的动态能力概念，就网络时代制造企业跨界转型的实现机制进行了解读。

第三，网络时代制造企业跨界转型的实证检验。

跨界转型是一场涉及价值链、商业流程与商业模式的全面变革，因此常会遭遇企业畏惧、关键能力缺乏等阻力。按照跨界转型机制研究给出的理论逻辑，提出在多维战略导向影响制造业企业跨界转型绩效的作用关系中，多维资源协奏能力起中介作用，环境动荡性起调节作用的概念模型。在控制了结构匹配的基础上，在环境动荡性情景下从跨界转型的战略导向与资源协奏进行影响因素的实证检验，揭示环境不可预期性、认知缺乏、能力不匹配对制造企业跨界转型经济绩效与适应性绩效的不同影响。创业导向、市场导向与技术导向是反映制造业企业战略导向的代理变量。网络时代制造业企业缺乏用户价值驱动的创业导向、市场导向与技术导向将导致企业不愿做出变革、畏惧变革风险，克服认知惯性是驱动制造企业跨界转型取得高绩效的关键因素。本书强调了不同战略导向对企业跨界转型的联合影响，与以往关注各个战略导向单独效应的研究不同，本书认为不同战略导向不是替代关系，而是一套互为补充的措施。从能力匹配角度考察，制造企业跨界转型需要克服能力惯性对战略变革的阻碍，跨界进入新业务领域，关键能力的获取为企业升级奠定基础。资源协奏能力是涉及资源获取、资源捆绑、资源利用的动态能力，反映了制造企业适应环境变化调整、生成、使用新运营能力的高阶能力。从环境情景考察，前人研究普遍认为外部环境的不可预期是促使制造企业实施变革的外部诱因，组织对环境变化反应过于延迟会抑制组织的变革（Le Mens G.，2015）。所以，研究旨在使用调查数据对环境动荡性情景下，战略导向与资源协奏对制造企业跨界转型绩效的影响进行实证检验。

第四，网络时代制造业企业跨界转型的路径研究。

路径研究要揭示的是从何处开始到何处结束的路线以及具体的实现方式。制造企业跨界转型的路径选择同时受价值创造模式选择、跨界转型阶段以及制造企业所处产业特性等多层因素的影响。根据不同的情景，在案例分析的基础上，归纳出适用于不同情景的制造企业跨界转型的路径选择模型。基于权变理论的基本思想，企业会因为自身条件及所处环境的不同选择不同的升级路径（Sturgeon，2002），因此，不同情景下的制造企业会选择差异化的转型路径。从跨界模式上看，制造企业可以选择"制造＋服务"的模式实施跨界转型，也可以选择"制造＋服务＋数字"的模式，二者之间存在"数据驱动"的差别，即是否以数字化促进服务化的分别。从跨界转型的阶段看，第一阶段解决链接与价值共创问题，即基于大数据揭示的价值关联，以共创跨界颠覆相关产业；第二阶段解决水平集成问题，即创建内部创业生态系统、创立跨产品服务系统的商业生态系统，提供能够产生用户端范围经济的产品与服务。两个阶段的任务不同制造企业跨界转型的资源配置焦点也不同，制造企业从跨界进入服务业、数字产业为用户提供可以产生更高价值的产品服务系统，进一步跨界成为横跨不同产品服务系统，进入其他相关制造与服务领域，提供具有范围经济属性的复杂产品服务系统的组织。

第五，网络时代制造业企业跨界转型的对策研究。

依据机制研究、实证检验与路径研究的研究发现，从环境与制造企业跨界转型的关系以及制造企业价值创造两个层面对推进制造企业跨界转型给出可行的对策。具体而言，同时从环境互动对策与价值创造对策两方面来设计具体措施。制造企业不仅要顺应环境变化对制造企业主导逻辑与组织形态的选择，还要主动采取措施促进能力演化来提高组织对环境变化的适应性。从价值创造对策上看，在以用户为中心的服务主导逻辑下，制造企业需从战略导向调整、生态系统伙伴选择、资源协奏能力塑造、产品服务系统创新与商业模式创新五个方面有所作为，从而改变制造企业认知、资源、能力与跨界转型的不匹配。并以产品服务系统创新与商业模式创新为抓手推进制造企业的跨界转型，这是由跨界的本质是技术与非技术的融合式创新决定的。

1.2.2 研究方法

第一，文献研究方法。基于开放系统的研究视角，将组织生态理论与企业演化理论相结合，解释市场、技术、竞争与制度环境变化与制造企业跨界转型间的复杂关系；从价值创造视角出发，将价值共创理论与资源协奏理论相结合，打开从跨界资源整合到新价值创造能力生成的理论黑箱。应用企业演化理论关于能力适应性更新的观点，在环境影响制造企业跨界转型与制造企业克服认知与能力惯性推进制造企业跨界转型间搭建桥梁，构建包含环境互动机制与价值生成机制在内的制造企业跨界转型理论框架。

第二，社会调查研究方法与数理统计方法。将调查范围限定在广东省、江苏省与山东省等国家制造业产业的集聚重地。既可满足研究对总体规模、样本代表性的要求，又可节约时间成本与财务成本。依据国家战略目标和制造业企业数字化、智能化、服务化跨界转型的资源要求，选择跨界经营三年及以上的传统制造业企业为调查对象。通过结构方程验证促进制造业企业跨界转型的关键主客观因素。

第三，无结构观察法。以无结构观察法对典型案例潍柴集团、红领集团、农大肥业集团进行实地研究，根据产业特征、跨界模式与跨界阶段差异对制造企业进行分类，区分不同情景下制造企业跨界转型的关键任务、路线与典型方式。同时，选择对小米集团、陕鼓集团、富士胶片等典型案例进行二手资料的案例分析，以弥补无结构观察样本量不足的缺陷。在对大量企业实践进行归纳总结的基础上，给出差异化的制造企业跨界转型路径选择方案。

本书技术路线如图 1 - 1 所示。

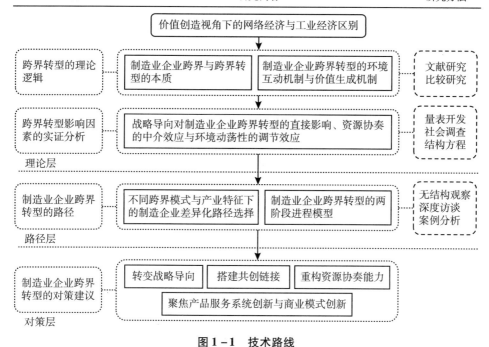

图 1 - 1　技术路线

1.3　文　献　综　述

1.3.1　什么是跨界转型

如果把企业转型界定在业务层面，那么"转型"与"升级"的内涵是一致的（毛蕴诗，2015）。从业务层面看，企业升级是企业通过获得技术能力、市场能力等新的能力，制造更好的产品或者更有效地制造产品，以及从事高附加值活动的改善过程（Humphrey，2000；Kaplinsky，2001）。在原有产业难以提供成长空间时，适时转型进入成长空间高的产业是企业升级的明智选择（王德鲁，2006）。所以，毛蕴诗（2015）将企业转型升级界定为："企业为提高持续竞争能力以及产品、服务的附加价值，寻找新的经营方向而不断变革的过程。"

汉弗莱（Humphrey，2002）提出了企业转型升级从过程升级到产品升级、到功能升级再到跨产业升级（inter-sectoral upgrading）的四级进程。许晖（2013）进一步解释说，如果发生突破性创新，企业可以打破常规、越级升级。在全球价值链治理研究中，制造企业跨产业升级往往发生在全球价值链跨产业升级之后（Gerrefi，2003），并认为将一种产业的知识运用于另一种产业（Humphrey，2002；吴家曦，2009），从一种产品的生产活动横向迁移至其他产品或服务的生产活动就是跨产业升级（Humphrey，2002）。显然，工业经济时代制造企业跨产业升级具有跨越产业边界与技术边界的双重内涵，跨界至新产业是企业转型升级的进程之一。

网络经济时代与工业经济时代不同，跨界转型具有了数字产业、服务产业与制造产业融合渗透的特殊含义。信息化、智能化、服务化是制造业发展的逻辑必然（金碚，2014），网络信息技术与制造业融合的深度和广度直接决定了制造业升级的速度和质量（刘明达，2016）。网络时代互联网思维是激活传统制造业企业的新范式（李海舰，2019），"互联网＋"是推进传统产业转型升级的新路径（辜胜阻，2016），数字化已是时代赋予制造企业的新特征（Rachinger，2019），平台型企业更容易通过跨界实现可持续成长（Annabelle，2012）。"跨界"被认为是围绕企业核心能力进行的一系列模块化操作（Natalia Levina，2005；余东华，2008；曹江涛，2006）。跨界改变了原有产业的价值创造模式，是实体产业价值链环节解构并与互联网价值链"跨链"重组的过程（赵振，2015），罗珉（2015）更是将"跨界"定义为，曾经不相干、不兼容的元素获得链接并产生价值的价值创造过程。

可见，网络时代产业融合背景下的制造企业跨界转型与工业经济时代制造企业的跨产业升级在内涵与本质上存在显著差异。前人研究已经清晰地认识到网络时代制造企业跨界转型不再是简单的跨越组织边界、技术边界与产业边界，而是具有产业渗透、产业融合的新特征，且跨界后的企业横跨制造体系与服务体系，但是却没有揭示其本质，也没有澄清跨界转型是如何颠覆传统价值空间、创造新价值的。

1.3.2 环境与制造企业跨界转型的关系

基于开放系统的研究视角，组织研究对环境与组织转型的关系展开了激烈的"选择"与"适应"辩论。组织生态学的经典结论是，惯性的存在使得组织很少能够根据环境做出适应性的改变，环境会以组织形态与环境特征之间的适应为基础，有差别地挑选存活的组织。环境选择的过程包括变异的产生、形态的选择以及被选形态的保持扩散三个阶段（Aldrich et al.，2006），即变异产生于偶然，具有某种特征的变异组织形态被选择存活下来，然后存活下来的组织形态在组织群体中被复制成为一种流行，因此，新组织群体的出现过程就是新组织形态对原有组织形态的替代过程（Scott et al.，2003）。演化观点却认为，组织不但可以经常根据环境发生改变，甚至会以相当激进的方式进行，虽然激进的转型往往给组织带来相当大的风险（Barnett and Michael，2004）。战略选择学派更是认为，组织转型是可以被企业家选择的，虽然转型常常面临巨大的障碍，但是企业家的理性可以保障组织选择更适合的组织形态（Boisot and Child，1988）。

事实上，越来越多的研究倾向于将"选择"与"适应"结合起来解释企业转型。正如萨尔塔（Sarta，2021）所指出的，环境变化设定了组织形态选择的区间，不同组织应对环境变化会发生不同的变异，最有效的变异被环境选择，那些被证明是无效的变异则会被淘汰，受到环境变化约束，大多数组织几乎是没有选择权的，战略选择仅仅是最强大组织的奢侈品。对于大多数组织而言，组织会更喜欢众所周知的变化类型，而不管它们是否适合于这种情况（Baumann et al.，2019）。实际上，转型被定义为对既定惯例和能力的重大背离，组织转型的过程就是组织"建立有效的惯例或稳定的交换关系"的过程（Mckinley，2014），是影响制造业企业跨界转型的情景因素。组织会发展出使他们特别擅长于某些类型变化的惯例和能力，且组织变革的可能性会随着先前同类变革的次数的增加而增加（March et al.，1994）。

可见，组织研究中对组织转型的解释越来越多地采用选择与适应相结合的理论框架，然而，网络时代制造企业跨界转型却缺少将组织视为开放系统，从组织与环境的交互关系来解读跨界转型的研究。究其原因，其一，网络时代制造企业跨界转型是单个企业的偶然行为还是群体趋势是需要等待时间检验的，在制造企业跨界转型刚刚兴起时跨界转型是否会带来组织群落的更新是存在不确定性的，所以，在制造企业跨界转型现象出现初期缺乏采用选择与适应相结合的理论框架的研究。其二，战略研究的重点在于竞争优势或组织绩效差异，且个体绩效差异往往取决于资源、能力等因素而不是外部环境，所以，以往研究更倾向于采用资源能力理论来解释制造企业的跨界转型。但是，制造企业跨界转型离不开所处的市场、竞争、技术与制度环境，制造企业跨界服务业、数字产业为什么会成为时代的必然，又是什么原因造成了组织间的个体差异，是必须明确的两个机制问题，有必要从企业与环境的互动关系入手澄清制造企业的跨界转型机制。

1.3.3　价值共创、资源整合与制造企业跨界转型

服务主导逻辑框架下，包括制造企业自身在内，与之相关的顾客、供应商及其他市场媒介如代理商、政府机构、管理机构等共同构成了打破传统产业界线的服务生态系统（Mele et al.，2014）。服务生态系统中各主体承担不同功能，彼此互相依赖、共生共存，价值从持续的互动及资源共享中衍生（Nambisan and Sawhney，2011）。跨界转型是嵌入在服务生态系统中的战略变革（Ai and Found，2017），制造企业依赖于服务生态系统向用户提供满足用户价值的产品服务系统。在价值共创过程中，包括制造企业在内的所有价值创造者间是以服务交换为基础的互惠共赢关系（Galvagno and Dalli，2014）。制造企业与共创合作者不断地进行信息、知识、资源的交互，通过共同制定方案、共同实施方案和共同解决问题，将共创合作者间的资源承诺转变为新产品服务，为制造企业创造新的利润增长点（Siaw and Sarpong，2021）。资源的跨界融合是跨界转型的典型特征，融合不只是简单的组合加总，融合必然产生新资源、带来新价值（李平，2021）。资源整合理论（resource integration）认为价值共创的过程就是资源整合的过程，资源交换与资源整合是共创的本质。对合作过程的有效性（effectuation）与配置（configuration）进行控制可以促进共创合作者间的资源流动与资源集成。一方面，通过实施关系治理来维护共创合作者的资源承诺是价值创造协作的前提。另一方面，响应环境变化进行有效率的资源配置直接关系到价值共创的成败（Sjödin，2019），资源的错配或滥用会使共创的收效甚微或适得其反（简兆权等，2016）。

然而，将价值共创分解为外部资源识别、获取、配置等一系列资源行动的资源整合理论只解释了资源功能的集成（Sklyar et al. 2019a），或者说，只解释了价值创造合作对现有资源效率最大化的实现，却没有解释新的资源功能的出现，仅强调了价值创造过程中以资源评价为基础的行动者间的资源联动。开放系统最重要的特点就是响应环境变化，利用环境输入完成能力的自我更新与修复。资源协奏理论恰恰为新能力的涌现提供了理论解释，认为价值主张是通过与资源和能力有关的行动集合来实现的（Badrinarayanan et al.，2019）。资源协奏是指向新价值主张的流程导向的资源管理行动集合，包含资源构建、资源捆绑和资源利用三个具体流程（Sirmon et al.，2011）。与强调资源联动关系的资源整合理论不同，资源协奏理论提供有关行动集合的具体见解（苏敬勤等，2019），解释了共创行动者间的资源、能力整合与新价值创造的关系，认

为资源获取、能力生成与能力配置是共创行动者为满足新价值主张对资源能力的要求而进行的连续性价值创造活动。可见，在共创合作者间发生资源整合的同时，资源捆绑生成新能力、资源利用进行能力配置的过程也同时在发生。

可见，动态能力本质的资源协奏，反映了制造企业根据环境变化获取资源、捆绑资源生成能力以及利用能力的资源管理流程，对制造企业是如何克服能力束缚的问题给出了明确回答。共创互动带来了新资源的输入、积累与旧资源的剥离，汇集到焦点企业的资源被捆绑生成新的能力或产生能力更新。参与价值共创的制造企业，在吸收和内化外部异质性资源后，激发了企业创新活力（Bustinza et al.，2019），在不断协调各类资源的冲突和矛盾中实现了能力的构建和更新升级（长青等，2021）。所以，有待将资源协奏这一反应能力随环境变化而变化的理论与价值共创的理论观点相结合，拓展以往研究对制造企业跨界转型价值共创过程的认知。

1.3.4　制造企业跨界转型的路径

路径研究要揭示的是从何处开始到何处结束的路线，以及如何从来处去往去处的方式。所以，制造企业跨界转型的路径研究既要澄清路线问题又要回答方法问题。由于制造企业跨界进入服务产业、数字产业的具体表现形式是制造企业服务化、制造企业数字化以及数字服务化，通过文献梳理可以发现现有研究针对制造企业服务化转型、数字化转型的路线与方法进行了探究。

从路线上看，根据制造企业提供服务的类型，制造企业服务化进程往往被区分为不同的阶段。如，贝恩斯等（Baines et al.，2013）将服务化划分为提供围绕产品的基础服务阶段、提供保证产品状态的中间层服务阶段以及提供提高用户活动结果的高级服务阶段。阿德罗德伽里等（Adrodegari et al.，2015）进一步地细化了服务化的递进成熟级别，从专注于产品的业务模型到专注于解决方案的业务模型共划分为五个级别。布拉克斯等（Brax et al.，2017）更是给出了包含八个级别的产品服务系统光谱图。虽然服务化进程被区分为越来越精确的发展阶段，但是后续研究所采取的分类依据始终是贝恩斯等（Baines et al.，2013）提出的服务类型框架，换言之，后续研究没有突破既有路线框架，更多是对既有模型的细化与补充。与服务化转型路线研究如出一辙，制造企业数字化转型路线研究也是从区分数字化发展阶段入手的，并在可操作化的评估企业数字化水平的成熟度模型上做出了尝试。流程、监控和控制、技术与组织是评估制造企业数字化程度的四个维度，斯克里亚尔等（Sklyar et al.，

2019b）依据制造企业在四个维度上的表现将制造企业的数字化成熟度划分为五个等级。

从方式上看，服务化转型直接反映为商业模式的变化，因此，制造企业通过新商业模式构建实现服务化转型。提出价值主张、概念化新产品服务系统（PSS）、集成新产品服务系统与根据商业成功的概率保留新产品服务系统，是新商业模式构建的四个步骤（Castellano，2020）。贝恩斯和莱特福特（Baines and Lightfoot，2013）认为，商业模式构建的核心是新服务的开发，并认为新服务的开发取决于用户，因为用户想要自己做，或者用户希望与企业一起做，再或者用户希望由企业来做的不同情况要求制造企业提供不同的服务。而阿德罗德伽里等（Adrodegari et al.，2015）却指出，制造企业提供何种服务不只是由用户决定的，也是由技术推动的创意过程来实现，或者说，市场拉动与技术推动是驱动制造企业新服务开发的双重动力。出于对运营可靠性的考虑，服务成本的高低则决定了新服务是否会被制造企业保留（Erguido et al.，2017）。随着服务化研究与数字化研究的逐步交叉，越来越多的研究注意到反映产品生命周期状况的设备交互数据以及反映用户使用的用户交互数据对于准确开发新服务的价值（Castellano et al.，2016），制造企业可以基于用户产生的运营数据提供个性化服务，并根据特定的客户偏好提供个性化的动态价格。由于数字化成熟度模型的可操作性较强，因此研究建议以数字化成熟度模型为基准，在评估制造企业当前的数字化水平后，按照流程、监控和控制、技术与组织四个维度进行改进就可以实现数字化程度的提升（Paschou，2020）。比如，增加产品生命周期管理系统（PLMs）、改进维修管理效率等。

虽然，针对转型路线的研究指出了转型的阶段性，但是在转型方式研究中却忽视了转型的阶段性，或者说，没有根据制造企业转型的起点进行转型方式的讨论。事实上，制造企业转型方式的选择不仅与其所处的转型起点有关，还与制造企业选取的跨界模式、跨界阶段以及产业特性等有关。鉴于路径研究的问题导向性，有必要针对制造企业跨界转型的不同情况进行进一步的路径探索。

1.4 小 结

本章交代了全书的研究内容、研究思路与研究方法，并对制造企业跨界转型的内涵、影响因素及转型路径进行了文献回顾，发现以数字驱动的制造企业跨界转型已成为网络时代持续推进制造企业转型升级的必然方向，是新时期撬动我国制造业高质量发展的重要翘板。因此，适应时代发展要求，理解网络时代制造企业跨界转型的本质与机制，寻找与时代相符合的转型路径与对策就成为急需解决的理论与现实问题。

第 2 章
网络时代制造企业跨界转型的本质

网络时代制造企业的跨界转型与工业经济时代制造企业的多元化有着本质的区别。与工业经济时代制造企业为分散风险与实现产品范围经济而发生的多元化不同，网络时代制造企业的跨界转型虽然也表现为进入不同市场与产业领域，但是跨界的目标却是为了从顾客价值出发的价值共创，或者说是在创造用户端范围经济的同时实现自身的可持续发展。本章阐释的主要问题是研究对于网络时代制造企业跨界转型本质的理论认识，澄清服务化、数字化以及数字服务化等当前常见的制造企业转型范式与制造企业跨界转型的关系，并对生态系统这一与制造企业跨界转型密切相关的组织概念，及其与制造企业跨界转型的关系进行理论梳理。

2.1 网络时代制造企业生存逻辑的再认识

2.1.1 从产品主导逻辑到服务主导逻辑

产品主导逻辑（goods-dominant logic）到服务主导逻辑（service-dominant logic）的改变是网络时代制造企业价值创造基础逻辑的变化，是从产品中心向客户中心的转变（Vargo and Lusch，2008）。传统上，制造企业把产品效率作为决策的最高优先级，制造企业的内部流程围绕提高产品效率而展开，同时以向顾客营销产品来定义企业与顾客的交易关系。产品主导逻辑下制造企业遵循线性的价值创造逻辑，从研发到生产再到产品服务传递，制造企业处于供给侧而顾客位于需求侧。但是，服务主导逻辑却强调企业决策以顾客为中心（costumer focus），甚至通过与顾客的合作来创造价值，企业与顾客的关系不仅仅是生产和分配的单向线性关系。服务主导逻辑将价值创造的重心从企业领域转移到客户领域，从交换价值至上转移到价值使用至上。

服务主导逻辑的独特之处在于，它改变了人们对企业目的和性质的理解。企业活动的目的是协助顾客进行他们自己的价值创造过程，而不是仅仅生产和分配产品。所有交换都可以从服务对服务的交换来看待，即为了他人的利益而相互应用资源。顾客是价值的创造者，而不仅仅是使用者，创新意味着帮助客户更有效地创造价值，而不仅意味着提供更好的商品和服务。因此，服务主导逻辑的基本思想是，人们通过服务对服务的交换，运用自己的能力使他人受益，并从他人的能力应用中获得互惠（Vargo and Lusch，2014）。事实上，服务主导逻辑引导人们关注交换的过程、模式和利益，而不是被交换的产出单位，即具体的商品。服务主导逻辑提供了与产品主导逻辑对价值的不同看法，在产品主导逻辑中价值是嵌入在产品和服务中的增值，交易的目的是实现价值，但是，服务主导逻辑却强调使用中的价值（value created in use）和价值的共同创造。换言之，为了创造价值，行动者需要进行相互依存、互惠互利的服务交换，因此，价值创造总是发生在网络中。

2.1.2　从价值俘获到价值共创

价值不等于利润，价值是交易双方甚至处于旁观者的第三方的福利总和的改善情况，涉及与产品有关的服务、体验和关系。价值俘获（value capture）是保留每个交易中提供的价值的某些百分比的过程。产品主导逻辑下的价值俘获强调最大化原则，即制造企业从交易中保留尽可能多的价值。但是，服务主导逻辑改变了价值俘获的获利原则，这是因为服务主导逻辑下互惠服务是交易的基础，所有参与者（actor）既是提供者，也是受益者。换言之，交易中制造企业获得的价值越多，制造企业提供的东西就越没有吸引力，因为制造企业获得更多价值的过程就是对其他参与者价值的侵占过程。所有的价值主张都被每个参与者以不同的方式感知和整合，价值是所有参与者的感知总和。因此，服务主导逻辑下的价值俘获强调两点。其一，是价值总值的扩大，即在侵占其他参与者价值的基础上扩大价值总和，通过价值总和的扩大而获得更多价值，而不是在价值总量不变时通过侵占其他参与者的价值而使自己获益。其二，价值总和是由所有参与者独特体验决定的，因此价值总是与场景相联系，不同场景下被所有参与者感知和整合到的价值是存在差异的，即在服务主导逻辑中情景价值（value-in-context）是价值创造的核心内涵，也就是价值必须在受益人的世界、相关资源和其他参与者的语境中进行理解。

服务主导逻辑范式下的价值共创（value co-creation）强调一个参与者为了另一个参与者的利益而应用知识、技能等操作性资源，即以服务交换为基础的互惠共赢过程（Galvagno and Dalli，2014）。客户、供应链合作者等不再是被制造企业出售、剥削和操纵的被动参与者，而是价值的共同创造者，资源交换与资源整合是共创的本质。价值共创下的价值俘获是所有参与者共同做大价值总量而得到更多互惠回报的过程。事实上，在价值共创活动中所有参与者都是资源整合者（Wieland，Koskela – Huotari and Vargo，2016）。这就是说，资源整合者的角色不只是制造企业的专利，也适用于顾客、供应链伙伴等其他行动者。同时，价值共创总是与经济交换、隐性契约和关系规范相联系。但是，并不是所有顾客或供应链伙伴都是价值共创者。事实上，确实有大量顾客只是希望从企业所提供的产品与服务中获得满意，而不希望与制造企业进行互动。所以，价值共创并不总是必需的。甚至在某些情况下会出现价值共毁（value destruction），或者说，企业会进入互动努力纯属浪费的区域。通常，价值共毁是指价值被不公平或片面的创造，或者无用或浪费的活动所摧毁的情况（Plé，2017）。此时，产品或服务的体验较差，过度互动伤害了价值共创的过程。换言之，过度的互动反而成为毁掉价值的行为。这是因为，只有当顾客有一个真正的问题，或者说企业所提供的产品或服务存在有待改进的问题时，互动才变得有价值。相反，那些没必要的过多互动，比如阅读不重要的电子邮件，欺骗或其他不道德的行为，以及资源的浪费等都会带来价值的毁灭。因为价值归根到底是超过价格的主观体验，即效用，一旦这样的互动渗透到组织中，参与者的主观体验就会被降低。

可见，制造企业既要合理选择价值共创伙伴，又要避免价值共毁行为的出现，才能让价值共创发挥互惠共赢的价值创造作用。制造企业需要从与客户、供应链上下游的对抗关系中转向与他们成为互惠合作者，在向他们学习的过程中，通过资源的整合扩大所有参与者感知到的价值总和。

2.1.3　从产品到产品服务系统

服务主导逻辑范式下，产品只是服务的一个容器。简单地说，产品服务系统（product-service systems，PSS）是能够满足用户需求的一套有市场的产品和服务组合，换言之，就是制造企业提供产品和服务的混合，而不是仅专注于产品。从产品到产品服务系统的转变，最初是由于面对日益加剧的行业竞争与不断萎缩的市场，制造企业逐渐认识到产品与服务的结合可以比提供产品本身获得更高的利润，所以，制造企业将提供服务视为实现增长和提高利润的新途径。然而，随着产品服务系统概念的发展，越来越的研究认为产品服务系统是企业环境战略的重要组成部分。因此，一些研究已经重新定义产品服务系统，认为产品服务系统是一个由产品（products）、服务（services）、支持网络（supporting networks）和基础设施（infrastructure）组成的系统，其目的是满足客户需求，必备特征是对环境的低影响（Oksana Mont，2002）。因此，从制造企业的角度看，产品服务系统的商业价值取决于成本降低、客户价值增加、环境友好以及扩大客户基础四种机制的相互作用。

根据产品与服务整合程度的差异，产品服务系统可以分为三分类，分别是产品导向的产品服务系统（product oriented PSS）、使用导向的产品服务系统（use oriented PSS）与结果导向的产品服务系统（result oriented PSS）。三者之间的差异在于，产品导向的产品服务系统以交易产品所有权为主，并提供覆盖交易全过程的服务，服务的目的是确保产品功能的正确使用与产品的持久性；使用导向的产品服务系统以交易产品使用权为主，并提供覆盖交易全过程的服务，服务的目的是使得产品的访问和使用更加顺畅；结果导向的产品服务系统以交易服务为主，有形产品被无形服务替代，或者说有形产品只是无形服务的一个载体或容器。可见，根据产品服务系统的特征，制造企业技术创新及商业模式创新的导向是存在差异的。产品导向的产品服务系统中服务是产品的附属，使用导向的产品服务系统中产品被用作提供服务的一种手段，而在结果导向的产品服务系统中产品完全被服务取代。所以，在产品服务系统中，产品的有用性与可访问性比所有权更重要。服务主导逻辑下产品的重点是功能，而不是所有权，所以延长产品的使用寿命，甚至使产品变得可以重复使用就变得尤为重要。这就是产品服务系统总是与企业环境战略有关的原因。

2.1.4　从竞争到互惠共生

竞争的目的是获得竞争优势，捕获更多的价值。竞争的本质是零和博弈，是你死我活。但是，在服务主导逻辑中，每个参与者（包括个人、组织和机构）都参与价值共同创造，因此它是一个高度关联的过程。价值共创强调互惠、共赢与协作，所以制造企业与其他价值共创参与主体间的关系转变为围绕价值主张的互惠共生。互惠（mutual benefit）体现在价值共创过程中每个价值创造参与者获得的价值得益，且该得益不以牺牲他人得益为前提。共生（symbiosis）体现在价值共创过程中每个价值创造参与者彼此依赖相互依存的属性。

互惠共生不等同于合作，互惠共生相比于合作，参与主体间的关系更加紧密，彼此依赖和相互依存的关系更加显著。一方面，合作关系是可选择可替代的，但是互惠共生关系是无法被取代的，当一方离开会造成另一方的生存困境；另一方面，合作关系不强调资源的共同投入，或者说不强调合作者对价值主张做出贡献，但是互惠共生关系是以资源共享和为价值主张做出贡献为基本要求的（Liu，2018）。也就是说，配合而不是参与，是合作关系与互惠共生关系的关键区别点。许多制造企业熟悉合作战略，但是却未发生共生战略，共生战略不以单个企业的意愿为导向，共生必须获得其他价值创造者的参与和投入，而不仅是围绕客户并为客户提供价值。互惠是共生的前提，通常其他潜在价值创造者是可以参与价值共创的，特别是当制造企业对价值共创提供某种物质或精神激励时，即制造企业愿意为激励其他参与者的卷入或参与而提供额外的成本。然而，在制造企业与客户、供应商通过互动共同创造价值的时候，参与者间的误解和服务故障会破坏这种关系，甚至会出现价值共毁的结果。误解和服务故障出现的原因在于，制造企业、客户与供应商对同一个价值主张体验到的价值感知是不同的，互惠共生关系需要满足的基本条件就是互惠得意不低于资源共享的成本，但是不同参与主体有各自不同的内部模式，在内部模式不可观察时制造企业构建互惠共生关系是存在困难的。这就要求每个价值参与主体能够相互理解，追求共同利益的最大化而不是个人利益的最大化。

互惠共生与其他共生关系是不同的，商业生态系统（business ecosystem）的研究认为，企业间的关系可以是互惠共生也可以是基于捕食或寄生的共生关系。价值共创的基础上互惠共生，但是，并不意味着价值创造参与者之间的关系是固定不变的，特别是制造企业与供应商的互惠共生可能被企业间的捕食行为改写。虽然，互惠共生的目的是创造生存空间，而不是抢占生存空间，但是，制造企业与供应商之间的相互捕食会造成某一个互惠关系的消失。同时，由于价值建立在体验基础上，因此价值主张具有场景特征。因此，即便是一个制造企业也会搭建多个围绕不同价值主张形成的价值共创网络，网络间也会存在结点间的链接与网络关系的重叠，所以，场景维度下制造企业的互惠共生关系是复杂的。

2.2　制造企业跨界转型的界定

2.2.1　技术、市场双轮驱动的产业融合

产业融合理论（industrial convergence）认为，以前不相关的技术领域、工作流程、企业、供应链或整个行业部门之间出现新的联系导致产业边界变得越来越模糊，产业融合的本质就是产业边界的不断重叠（overlap），或者说，是产业间越来越趋同的趋势、边界越来越模糊（fuzzy industry boundaries）。产业融合不是今天才出现的经济现象，早在 20 世纪 80 年代麻省理工学院（MIT）的 Negroponte 教授就发现，计算（computing）、通信（communications）和内容产业（publishing/broadcasting content）之间将发生边界的重叠，因为这三个产业都存在对数字系统的共同依赖。通信网络、计算机网和有线电视网络"三网合一"的经济实践恰好印证了当年的预测。时至今日，产业融合的趋势不但没有消退反而越加显著，对数字系统、特别是互联网的普遍依赖，推动了新一轮的产业融合浪潮。数字产业、制造业与生物医药产业间的关系变得比以往更加紧密与微妙的原因就在于这些行业活动都涉及了数字信息的操纵和交换。

产业融合理论强调通用性技术在产业融合趋势中的作用。认为如果新技术的发展可以为不同的应用提供价值，那么不同行业就有可能采用相同的技术，从而实现由通用技术带来的产业融合。或者说，产业融合正是因为以往独立的产业正在变得技术相关才得以出现。产业融合总是从科学技术的融合开始，发展到市场融合再到产业融合。其中，科学技术的融合是应用技术与科学知识之间的距离不断缩小的过程。这一过程始于不同科学领域的重叠不断增加，产业之间的跨学科科学研究不断加强，通常被称为科学趋同（Jeong et al.，2016）。技术趋同会导致市场趋同，以新的"产品—市场"组合为特征的市场融合则是因为技术杂交产品的开发而促成了新产品市场的出现，最后才传至整个产业。融合技术与产品在产业内的扩散导致产业融合的发生，产业融合的出现颠覆了产业的传统架构。

市场融合可以在没有科技融合的情况下发生，由客户需求的变化引发（Schmidt et al.，2016）。市场驱动的需求侧融合（market-driven output-side convergence）是指以前独立的产品或服务开始相互替代，因为类似的需求结构而发生产业边界的重叠或模糊。与技术驱动的供给侧融合（technology-driven input-side convergence）不同，市场驱动的产业融合在于产品服务的效用替代，或者说，产品服务以整合的方式推动产业间的融合发展。现实中可以观察到越来越多的产品通过横向整合其他产品的功能而不断扩大它们的市场边际。事实上，顾客对"一站式购物""一体化解决方案"以及多功能设备的偏好越来越显现，这将加速用户需求驱动的产业融合进程。此时，制造企业缺乏的不是技术，而是市场知识，因此面临着与市场相关的能力距离问题。

可见，在技术和市场的双轮驱动下，新一轮产业融合表现为制造产业与数字产业、服务业的融合发展。虽然，通用技术驱动和相似需求结构驱动从不同的侧面推进了产业融合的发生，但是，并不意味着通用技术驱动与相似需求结构驱动二者之间绝对的彼此独立，恰恰相反，脱离了需求的技术驱动是无法将技术融合延伸到产业融合的。产业融合的结果是新产业的出现，但是，并不意味着新产业一定是对原有产业的完全替代。新产业在多大程度完全替代原有产业取决于市场的发展，或者说，取决于产业融合成熟程度的发展，随着产业融合从早期进入中后期，市场也不断成熟，新产业可以完全替代原有产业，而在这一演化进程中新产业往往作为原有产业的补充。

2.2.2 产业融合趋势下的制造企业跨界转型内涵

2.2.2.1 制造企业跨界的内涵与本质

在以制造业与数字产业、服务业以及制造业之间相互融合为特征的新一轮产业融合大背景下，制造企业成长模式的改变已是大势所趋。产业边界的模糊和重叠，让身处变革浪潮中的制造企业也必须顺应时代发展要求，向数字化、服务化和无边界产品功能整合的方向发展。制造企业跨界（cross-boundary integration）就是指制造企业跨越产业边界（cross the boundary of industry）进入数字产业、服务产业及其他制造业，整合各方资源形成新的产品服务组合。跨界不只是技术驱动的产业融合行为，也是需求驱动的产业融合行为，因此，在资源能力不受限的条件下，跨界厂商可同时实施跨越不同产业边界的跨界行为。现实中，可观察到资源能力不受限的条件几乎不能被满足，因此不同制造企业采取不同的跨界策略向数字化、服务化和无边界产品功能整合的方向迈进。产业融合理论认为，产业边界的模糊改变了企业竞争的基础，削弱了老牌企业的竞争优势，为增进多元化进入者和初创企业的成长提供了新机会。

但是，跨界与工业经济时代的多元化存在本质区别。首先，多元化不强调创新的过程与结果，只追求不同业务间的范围经济与风险分散。不论是出于财务安全的考虑还是出于对核心竞争力的应用，多元化不以创新为根本特征，或者说，制造企业可以在不发生创新的情况下进入新的业务单元。跨界则是完全不同，虽然表面上跨界也表现为进入新的业务领域，但是跨界是技术发展的必然或对需求发展的创新响应，是以创新为基本手段的企业行为。其次，多元化不强调各个业务单元之间的内在联系。虽然相关多元化源自核心竞争力在各业务间的广泛应用，非相关多元化业务间却缺少必要的联系。跨界不论是由技术驱动的，还是由需求驱动的，跨界后各个业务单元间均具有显著的范围效应。不同的是技术驱动的跨界表现为供给端的范围效应，需求驱动的跨界则表现为需求端的范围效应。事实上，各业务单元间通常以生态系统的形式存在，共同为用户提供价值主张，或者说，不同业务单位共同构成价值主张。以小米公司为例，小米公司以智能手机为生态系统切入点，再跨界进入各种家电电子产品业务领域，通过无边界功能整合提供创新产品，形成围绕用户的生态系统，共同为用户提供高性价比智能生活的价值体验。最后，多元化不强调资源的整合与创造性使用。多元化虽然强调核心能力的范围效应，却不强调资源的使用，恰恰相反多元化更注重有价值的资源，而不是资源能够带来的价值。换言之，多元化的目的是通过维持稀缺资源的价值而获取竞争优势。但是，跨界更强调资源使用的结果，认为有价值的资源和资源的价值不等同，强调在不同业务领域间创造性的资源整合与使用，通过创新的资源使用来获取价值共创过程中多方参与主体的共同获益。

制造企业跨界的本质是整合式创新（integrated innovation）（冯文娜，2019）。整合式创新不只是技术创新，还包括流程创新、市场创新、管理创新与商业模式创新（Bernstein，2006）。虽然产品服务技术创新是整合创新的主要表现，但是，在产品服务创新发生时往往需要伴随流程改进、渠道重构、结构变革等商业模式方方面面的改进，将优秀的想法以新的商业模式、产品和服务的形式推向市场，因此，跨界对制造企业而言是一场重大的组织变革。如图2-1 所示，借用商业模式图可以清晰地看到，整合的意义在于技术间的交叉融合、产品服务功能间的合并融合以及多种创新的同时发生。其中，整合式创新最终表现为产品服务系统的改变，这涉及产品技术、服务技术的交叉与整合。产品服务系统的创新离不开创新组织过程的创新，具体包括开放创新模式、内部结构与产品服务流程的创新。同时，产品服务创新是以用户为基础的创新，因此涉及与用户互动的渠道创新、品牌创新与客户参与。产品服务创新成功的标志在于用户价值的满足，以及企业竞争优势的获取，因此，创新的盈利模式往往也是跨界整合式创新的应有之义。所以，整合式创新涉及产品服务、流程、市场、管理等方方面面的创新问题，能够同时开展多个创新任务的制造企业，其整合式创新的结果越理想。

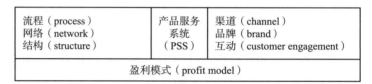

图 2 - 1   整合式创新的内容

资料来源：笔者整理。

整合式创新同时包含了以用户为基础的创新（customer-based innovation）、积极商业模式创新（proactive business model innovation）与精益创新（lean innovation）的含义。也就是，整合式创新以用户价值为创新导向，用户价值不仅由产品服务的功能决定，还由用户使用产品服务功能所获得的情感体验决定，因此，整合式创新需要将用户的情感收益考虑到产品服务功能的设计中。整合式创新为利益相关者提供多重价值（thick value），与只追求经济利益的传统模式不同，整合式创新以经济价值、社会价值与环境价值为目标，以持久的可持续成长作为整合式创新的目标，以提高利益攸关方在面对气候变化、人口或能源安全等全球社会和经济压力时的适应力。因此，可以预计制造企业将越来越多采用模块化的商业模式，使不同的模块可以作为一系列市场环境中的构建模块来支持公司的总体战略。最后，整合式创新以高投入产出率为前提，采用多种措施提高创新投入与创新产出的比率，尽可能获得成本更低的创新资源，提高创新资源使用效率，以及更高的创新产出绩效。

2.2.2.2   网络经济时代制造企业跨界与工业经济时代制造企业多元化的差别

工业经济时代制造企业进行多元化（diversification）的原因往往是获得范围经济或分散风险，也就是，制造企业进入新的产品或服务领域既可以是为了追求范围经济而广泛应用核心能力，也可以是为了分散投资风险而进行的资产配置。根据业务领域间的紧密程度，多元化被划分为相关多元化与非相关多元化，其中，相关多元化又包括产业间多元化（inter – industry diversification）与产业内多元化（intra – industry diversification）。产业间多元化是指企业在不同产业内生产多种相关产品；产业内多元化则是指企业在核心产业内生产有限的产品种类，是企业产品线的扩张。

与工业经济时代的产业间多元化相比，网络经济时代的制造企业跨界发生了以下两点转变：

第一，从基于核心能力的价值链横向扩张，转变为围绕用户价值的价值链纵向攀升。工业经济条件下的产业间多元化总是建立在共享的战略资源之上，核心能力作为企业开发不同产品进入新产业领域的核心引擎，是制造企业获得生产端范围经济的基础条件。核心能力在不同产品领域中的应用，提高了企业内部优势战略资源的使用效率与资源回报（Purkayastha，2012）。换言之，制造企业为了获得战略资源的范围经济而将难以模仿不可替代的优势技术应用在不同产品类别的生产上，从而引起了企业价值链的横向扩张，形成以核心能力为根系、以多样化终端产品为果实的多元化发展模式，伴随业务领域的不断扩张，企业价值链呈现树状扩展状态。与基于核心能力的价值链横向扩展不同，网络经济时代的制造企业跨界表现为，为创造用户价值而进行的价值链纵向攀升。当企业转变为用户导向的制造企业后，为用户创造价值就比获取价值更具有战略意义，企业能为用户提供何种价值，不仅取决于企业提供的产品与服务的功能，更取决于用户对于企业塑造的用户价值的感知与认同。事实上，随着用户需求向个性化、多样化升级后，用户对完整用户体验的要求越来越高，这就决定了由制造厂商提供整合的产品与服务更能满足用户需求的升级，因此，制造企业开始将在工业经济中为了追求专业化经济而分立出去的价值链环节，重新纳入企业价值链中，表现为制造企业所从事的价值链环节沿价值链从生产环节向营销、品牌、设计、研发等价值两端位置的攀升。事实上，制造企业价值链纵向攀升同时也是产品技术发展和专业服务商专业化经济丧失的结果。具体而言，越来越复杂、先进的产品技术让产品的安装、调试、监控、保养、维修变得越来越专业化，不同于工业经济时代制造厂商标准化产品的提供，专业化、个性化产品的提供迫使服务商必须针对每项产品投入新的专用性资产，这就使专业化经济的好处消失殆尽。此时，制造厂商进行价值链纵向攀升提供集成的产品与服务就成为时代发展的必要趋势。

第二，从资源优势驱动的价值获取，转变为数字驱动的基于资源整合的价值共创。产业间多元化是企业发挥资源优势的结果，共享的战略资源是企业进行产业间多元化的关键要素，企业进入新市场是为了进一步强化原有的资源位势，进而获得由独特资源产生的李嘉图租金。正如沃纳菲尔特（Wernerfelt，1984）发现的那样，企业每一次进入新市场都依赖于其业已形成的优势资源。维持或强化资源优势的独特性、不可模仿性，是制造企业获得更多经济价值的前提条件。与产业间多元化不同，跨界发生的基础不在于资源优势而在于资源整合，这就意味着跨界后制造企业获得更多经济价值的前提不在于维持、强化自己的资源优势，而在于合作伙伴间的资源共享。网络经济条件下的制造企业跨界通过构建外部网络链接以共创的形式创造用户价值，通过做大价值蛋糕的方式获取更高的价值回报。与产业间多元化基于核心能力形成的低成本优势不同，跨界可以为企业带来基于资源整合的"产品 + 服务"的差异化竞争优势。换言之，与产业间多元化以维护、获取资源优势来获得超额经济租金不同，跨界是以提高资源整合效率及创造性的资源使用来获得超额熊彼特租金。事实上，跨界是企业在网络经济条件下建立在创新基础上的跨行业合作，是曾经不相干、不兼容的元素获得链接并产生价值的价值创造过程（罗珉，2015）。数字驱动则是网络经济时代区别于工业经济时代的关键，数字链接技术、数字传播技术与数字分析技术的广泛应用改变了制造企业价值创造的决策基础。机器与机器的互动数据以及人机互动数据成为判断用户的产品服务使用场景与使用行为的核心来源，是发现新场景、开发新产品服务的物质基础，数量庞大的交互数据赋予了身处网络经济时代的制造企业更多的跨越产业边际创造新价值的机会。相反，在工业经济时代，作为战略性资产的数据却不是制造企业进入多样化产品领域的前提。

2.2.2.3 制造企业跨界转型的内涵与本质

转型（transformation）就是变革（changes），但不是所有的变革都是转型。但是，经典组织理论却没有对变革的类型给出明确区分（Scott，2003），奥德里奇（Aldrich，2006）建议使用包括三个维度的定义，即目标（goals）、边界（boundary）和活动系统（activities system）来解释转型，即转型是组织中主要的或实质性的变革。并按照变革是否涉及整个组织，以及变革所涉及的资源的价值的重要性来区分转型与变革。组织理论认为，转型会导致组织目标、边界与活动系统的变更。其中，目标变更包含目标宽度（goal breadth）与目标领域（goal domain）两个维度的改变。目标宽度的变更是指改变企业所提供的产品或服务的类别，从而使企业基于与以前不同的资源基础在竞争中获得竞争力，一个典型的目标宽度的改变就是从单一的专业化的厂商向多元化的厂商转型。更为宽泛的目标或者更为宽阔的资源定位可以降低企业由于资源定位过于狭小而遭受的环境变化压力。目标领域的变更则是指变更企业所服务的用户群体，将企业资源迁移到新的用户，或者针对新的用户取得新的资源获得新的资源定位。两类目标变更的区别在于用户群体是否发生变更。比如，一个厂商从为高端用户提供单一商品供给，转型成为高端用户提供多种类别的产品就是目标宽度的变更，而转变为同时为高端用户与低端用户提供单一种类的产品则是目标领域的变更。此外，转型导致组织边界与组织活动发生变更则意味着，企业纵向或横向的扩张或收缩，以及创新、管理模式等组织关键活动的变化。

　　首先，网络时代制造企业跨界转型是同时涉及目标宽度与目标领域变更的转型过程。当制造企业仅是围绕产品提供产品导向的服务时，用户群没有发生改变仅增加了附加服务，使制造企业围绕用户价值主张提供了更多类别的产品与服务，虽然与工业经济时代的多元化不同，但是在目标宽度的变更上是没有区别的。当制造企业提供使用导向或结果导向的服务时，用户群体发生了改变，甚至出现生产中间产品的厂商，直接服务于终端用户的情况，通用电气基于数字技术所提供的飞行员即时飞行指导服务就属于这种情况。其次，网络时代制造企业跨界转型后，不论是企业横向边界还是纵向边界都会发生改变。制造企业采取价值共创的模式为用户创造价值，用户、供应商、分销商等价值共创参与者加入使得制造企业可以借助企业自身以外的其他资源来提供集成的产品服务综合解决方案，各种网络关系的建立使得制造企业面对着比以往更加模糊的纵向边界。同时，当制造企业不满足于提供单一的产品服务解决方案时，制造企业会围绕用户价值主张跨界进入其他制造领域，此时，制造企业的横向边界也会变得更加"无边界"。事实上，产业融合趋势下的制造企业跨界转型具有典型的边界模糊性。最后，制造企业跨界转型会引起的技术创新、商业模式创新等关键活动的变更。当制造企业实施跨界转型战略时，它必须通过改变许多做法来适应这一战略，不但会改变自己的边界，也影响了它所追求的目标。因此，为了响应制造企业在目标与边界上的选择压力，制造企业可能会在组织内发起涉及组织各个方面的组织变革。由于制造企业需要从产品系统转向产品服务系统，因此制造企业针对产品与服务的创新活动势必发生变更，事实上，除了技术活动上的变更外，跨界转型还会引起商业模式上的变更。可见，网络经济下制造企业跨界转型将比工业经济时代制造企业的任何一次转型对企业目标、边界与活动的影响更为深远，因为这是涉及企业主导逻辑转换的重大变革。

但是，目标、边界和活动系统三个维度的变革描述还不足以说明制造企业跨界转型与一般的重大战略变革的区别，因此，研究将组织主导逻辑作为新的维度来说明对变革进行进一步的解释。工业经济时代与网络时代制造企业的生存逻辑发生了根本性改变，从产品主导逻辑转为服务主导逻辑，时代的发展赋予了制造企业转型新的内涵，这是以往制造企业变革或转型研究不曾关注到的新特征。产品主导逻辑下，制造企业把产品效率作为决策的最高优先级，制造企业的内部流程围绕提高产品效率而展开，同时以向顾客营销产品来定义企业与顾客的交易关系。制造企业遵循线性的价值创造逻辑，从研发到生产再到产品服务传递，制造企业处于供给侧而顾客位于需求侧。但是，服务主导逻辑却强调企业决策以顾客为中心，甚至通过与顾客的合作来创造价值，企业与顾客的关系不仅仅是生产和分配的单向线性关系。服务主导逻辑将价值创造的重心从企业领域转移到客户领域，从交换价值至上转移到价值使用至上。

所以，制造企业跨界转型（industry boundary spanning transformation）是涉及主导逻辑转换的重大战略变革（strategy change），是导致组织目标宽度扩大、目标领域转向、横纵向边界模糊以及产品服务系统创新与商业模式创新等组织活动发生根本性变更的实质性变革。不仅涉及产品服务或流程的创新，更是企业在商业流程、商业模式、商业资产、商业功能、生态系统、组织文化、合作关系、人员赋能等全方位的商业转型（business transformation）。因此，制造企业跨界转型包括三个基本的要素。其一，运营效率改进，即从生产导向转变为服务导向后，运营流程被重新改写，再造后的流程在成本节约与效率提升上表现更佳。其二，新价值创造，即围绕用户以"产品＋服务＋数字"（硬件＋软件＋服务）的形式向用户提供新价值，从而为企业带来新的收入源。其核心是创新，即通过产品创新、服务创新、流程创新与商业模式创新提供产品、服务与数字的创造性整合。其三，适应环境变化，即在重新配置企业内部及其战略网络内的资源和能力的过程中创造价值来响应环境变化。或者说，获得了能够对快速变化的外部环境中蕴藏的新机会的感知、抓住与利用的能力。可见，跨界是制造企业跨界转型的路径或手段，转型则是跨界的目标或结果。

2.2.3　制造企业跨界转型与数字化

2.2.3.1　数字化

数字化（digitalization）是指利用数字技术改变商业模式，提供新的收入和价值创造机会（Rachinger，2019）。数字化意味着企业使用数字技术和数据来创造收入，改善业务，并创造以数字信息为核心的数字文化。借助数字技术企业可以从聚集的数据中释放新的价值，推动组织变革，创建新的商业模式。因此，数字化往往也被称为数字化转型（digitalization transformation），数字化与其说是一个结果，不如说是一个过程。数字化并不仅仅是"更多数字技术"的问题，数字化改写了企业看待其在生态系统中的角色、获取盈利能力改善机会的思维方法。换言之，应用数字技术本身并不是数字化的目的。数字化转型是对商业模式的根本改造，不仅涉及流程的改变，还包括能力、创新、新的收入流的创建等。在这个数字创新加速发展的时代，制造企业正在经历深刻的变革，甚至会出现放弃整个现有核心业务的情况，从一个制造厂商完全转变为数据公司。

需要将数字化（digitalization）与数字形式化（digitization）进行区分。数字形式化是随着计算技术及数据存储、处理和传输技术的发展，信息存储从模拟形式到数字形式的转变过程，转变的只是信息的形式，信息的内容没有任何变化（Joel，2017）。比如，用自动取款机进行银行业务，用移动电话进行电信业务，用条形码扫描仪进行店铺经营，数字形式化已经成为现代生活便利和可靠的代名词。制造企业数字形式化仅仅是指业务流程的自动化或数字形式化，通常，一家以产品为中心的技术公司在实施数字形式化方面可能没有什么困难，就像唱片公司从销售黑胶唱片转向销售 CD 一样。但是，数字化却在于利用数字技术创造新价值，发现新的盈利机会，强调利用组织知识与见解对嵌入在组织流程中的能力的塑造。事实上，没有数字形式化就没有数字化，如果制造企业的数字形式化不足，那么就不可能走向数字化。数字化转型大多是从业务流程的数字形式化开始的，但是数字化转型不仅仅是对现有流程的优化，更是对数字化业务流程的再造、替换和增加。数字化业务流程再造后可以降低流程错误风险，提高流程速度，降低运营成本，并在一定程度上提高顾客满意度。所以，数字形式化通常是数字化的一个促成因素，或者说是一个"必要条件"，在某种程度上是数字化的一部分。

在制造企业从数字形式化向数字化转变过程中，制造企业获得了数字创业（digital entrepreneurship）的机会，也就是进行基于数字的相关创新，是将资产、服务或企业的主要部分转换为数字形式的创业活动（Kraus et al.，2018），数字创业必定为制造企业带来新的收入来源。与数字形式化仅是物质形态从实体向虚拟的转化不同，数字化使制造企业获得了新的收入来源，这是基于物联网的交互数据或用户与智能产品交互数据所揭示出的新的产品或服务开发机会。一个著名的例子是通用电气针对亚航提供的导航服务，该服务是通用电气根据跟踪喷气发动机传感器传回的数据而发现的新业务机会，通用电气根据发动机实时数据向亚航飞行员提供实时飞行指导以优化燃油效率，这一服务正好满足亚航低成本战略的需求，亚航则根据每年节省的燃油费用以"基于结果的年金"向通用电气支付服务费。通用电气就是通过数字创业为企业找到了新的收入源，让一个原本从事发动机制造的企业变成了同时提供创新性服务的企业。在数字化过程中，制造企业对未来可能的投资方向与产品战略进行评估，进而发现新的盈利机会。与传统企业生产产品和服务需要投入大量固定成本和变动成本不同，数字创业不需要像传统创业那样需要投入大量资本进行生产与存储投资，数字产品或服务的开发是数字创业的基本特征。像通用电气一样，数字创业所发现的大部分新业务机会都是基于原有的物质资产与数字资产，在根据数据分析提供新服务或新产品时，往往不需要额外投入大量资产。所以，数字化对于传统制造企业而言不仅是一场涉及商业模式的转型，更是一次再创业。

2.2.3.2 数字化与制造企业跨界转型的关系

数字化是数字技术对传统制造企业商业模式的改造，作为硬币的另一面，数字化也是制造企业从制造产业向数字产业的跨界。究其原因，是网络经济条件下，数字技术与制造技术的殊途同归，是技术驱动的产业融合在微观企业层面的表现。数字技术发展的必然是向生产技术过渡，制造技术的发展则从机械、电子向数字、智能转变。因此，制造企业数字化的跨界转型既是技术发展的必然，也是经济增长的必然。换言之，不论是制造企业主动拥抱数字技术还是数字技术颠覆传统制造，网络时代的制造企业都是应用数字技术改造传统流程的企业，也是跨越数字产业与制造产业边界的"两栖"物种。跨界的本质是融合式创新，因此，制造企业向数字产业进军的过程也是融合式创新的过程，不仅包含融合式技术创新，更包含商业模式的融合式创新。

数字化是制造企业跨界转型的手段，通过数据化进行跨界转型的结果是制造企业数字化程度的提升。其标志就是，物与物、人与物产生的交互数据（interactive data）成为制造企业识别产品与服务创新机会的来源，通过对交互数据的分析制造企业将比用户更加清楚用户的使用场景、使用习惯与消费需求，进而可以为用户提供成本更低、效率更高、更符合场景的新产品与新服务。通过数字化，制造企业实现了从制造产业向数字产业的迈进，因此越来越多的传统制造企业正在转变为科技公司，从事数字产品或服务的研发与市场化。跨界数字产业后，制造企业的数字化成熟度越来越高，数字化已经不仅仅是业务流程的形式优化，更是发现新价值主张、产生新利润增长点的商业规则。事实上，流程本身的数字化常被称为工业 4.0 或者智能制造，人们更熟悉赛博物理系统这一名词。即被物联网技术支撑的由各个智能生产设备链接而成的数据网络。流程数字化不仅可以减少成本、降低消耗、提高资源使用效率与产品服务合格率，更可以满足个性化需求对小批量定制化产品服务的需求。数字化同时也改变了产品特性，软硬件一体化的智能产品成为产品演化的趋势，智能终端的出现让数字化不再是企业内部流程的变革，而是以数字技术为手段的商业模式的变革。

2.2.4　制造企业跨界转型与服务化

2.2.4.1　服务化

服务化（servitization）被定义为从以产品为中心的商业模型和商业逻辑向以服务为中心的商业模式和商业主导逻辑转变的过程。即服务化是制造企业的一次变革，涉及资源基础、组织能力和组织结构的重新部署和重新配置（Christian，2017）。服务化是一次企业使命的重新定义，也是一次组织内共同规范和价值观的重新树立（Kindström & Kowalkowski，2014）。根据服务业务导向（Service Business Orientation，SBO）的程度服务化可以被看作从产品到服务连续体的变化过程，即从有形产品到无形服务端的过渡过程即为制造企业的服务化过程。服务业务导向测量了企业提供服务的数量、对服务的重视程度以及服务客户的数量。服务业务导向越强，就会有更多的无形服务元素加入，企业在产品服务连续体中的位置越靠近服务端。一般认为，服务化是制造企业以一种渐进的或不连续的方式从基本的、面向产品的服务向更高级的面向流程的服务和面向产品服务系统的服务移动，最终完成向用户提供一体化解决方案的转变。可见，根据服务业务导向的程度，服务化可以被分为不同的阶段，制造企业通常经历的过程是从初级服务向高级服务再向一体化解决方案的服务化过程。

服务化是制造企业顺应市场变化的结果。这是因为，随着消费升级的不断演化，用户的需求不再满足于一种产品，相反对整体解决方案的需求越来越多。用户对"产品＋服务"的要求迫使制造企业为响应市场需求而做出服务化转型。可见，服务化是顺应市场发展的产物。那么，为什么专业化分工形成的制造与服务分工体系不适用于新的市场环境呢？究其原因在于消费需求的变化。事实上，在消费需求未升级前，用户对标准化服务的需求使得服务从制造中得以分离，由专业的服务厂商完成售后服务，符合规模经济和专业化经济的基本要求。但是，消费需求升级后，消费者对产品服务的标准化要求下降，相反希望产品服务越来越个性化、定制化，而传统标准化售后服务是难以满足的，同时，售后服务部门也不能提供产品设计、定制的售前、售中服务。换言之，这要求服务前置于产品生产之前，专业化经济的好处反而成为制约服务经济好处的阻碍，制造企业开始向早已分离出去的服务领域回归。与此同时，服务的内容也发生了改变，从最初的售后服务变成了覆盖产品生产、交付、维护全过程的服务。所以，制造企业服务化实现了为客户创造全新价值体系的目的，同时，帮助企业锁定长期关系、排除竞争。

2.2.4.2 服务化与制造企业跨界转型的关系

服务化是制造企业从制造领域向服务领域的跨界，是制造产业与服务产业的嫁接与融合，是用户需求推动的产业融合表现。因此，服务化是制造企业跨界转型的表现形式之一。变革或者转型总是痛苦的，特别是商业逻辑与商业模式从以产品为中心向以服务为中心的转变，这是一个不小的转变，它意味着结构、流程与能力的改造与重塑。观察海尔、红领等服务化转型先动企业可以发现，它们通过三项举措推进了企业服务化转型进程。其一，建立与用户的亲密联系。一方面，企业与最终用户的直接联系让客户知识向制造企业的传播变得便利；另一方面，制造企业针对最终用户采用灵活性的操作（flexible operation），灵活性的操作通过与客户知识的结合为客户创造最佳的整体解决方案。其二，打造以精益为导向的卓越运营流程。对这种产品服务设计、生产、交付、维护流程进行全面控制，以最低总成本向客户交付产品服务。其三，向市场提供最好的产品。做产品市场的领导者，在市场上推出不断更新的最好的产品。而这三项内容恰恰是商业模式的核心，即与客户的联系，产品服务的内部组织过程，以及成本收益控制。所以，制造企业跨界服务业是对其商业模式的再创造。

2.2.5　制造企业跨界转型与数字服务化

2.2.5.1　网络时代数字化与服务化的关系

网络时代，技术特别是数字技术成为制造企业服务化的核心。服务化先驱企业都有一个共同点，那就是他们都使用大数据、云计算、物联网等连接技术来实现监控、维护、维修等服务活动。事实上，物联网（IoT）正在加速服务化，尽管物联网的发展仍处于早期阶段，但它正在将实体世界转变为数字信息中心，这也是工业4.0的基石之一。制造企业运用数字技术的水平让高级服务的交付成为可能，数字技术的使用使制造企业为客户提供量身定制的产品变得更加便捷。与以往依靠问卷、顾客回访等传统方法获得的数据，数字技术的应用提高决策效率与效果的同时还实现了成本的降低。

服务化过程中，一个典型的数据流程主要包括五个环节。第一，监控。即通过使用传感器、数据存储、故障代码等软硬件对关键产品系统和子系统进行连续的检测。也就是，数字技术应用于智能制造的生产环节，是制造企业服务化转型中有关产品流程的内容。第二，传输。产品基础数据与故障数据定期与产品通过卫星、GRPS、无线电、互联网或手机传输。产品已经从工业产品向智能产品转变，数字技术在产品中的嵌入，让产品成为记录日常用户行为与使用环境的数据集，是制造厂商了解用户习惯的客观数据来源，是形成客户画像的基础。当然，嵌入在产品中数字技术也会在产品出现或将要出现故障前，将警报数据向制造厂商传输，已达到及时提供服务的目的。第三，存储。数字技术支撑企业获取的大量数据的存储，无论是存储在硬件或软件系统中。所以，制造企业通常需要开发或借用工业云来完成大数据的存储。第四，分析。即对数据进行诊断和分析，以预测未来的产品行为和使用趋势。第五，响应。即制造企业决定采用适当的干预措施，如提供维修或更换、联系客户修改产品设计、或起草应急计划。以海尔空调为例，可以清晰地看到服务化过程中一个典型数据流程的运行。海尔在空调中植入芯片，空调就可以在使用过程中记录开机时长、模式选择、风速等基本用户操作数据，同时可以记录室内环境、室外环境等使用场景数据，这些被追踪的数据回传到海尔的云平台上。专业技术人员通过对存储在云平台中的大量用户行为与使用场景数据进行大数据分析，就可以勾勒出不同使用场景下不同用户的空调使用具体行为。如西北干燥地区风沙环境下空调使用行为、江南潮湿环境下空调使用行为等。制造企业可以根据专业技术人员得到的大数据分析结果，就不同使用场景下空调产品的研发、维修或应急给出具体的策略选择。

因此，网络时代数字化与服务化总是伴生的，数字化常常是服务化的手段，或者说，服务化是数字化发展到一定阶段的必然产物。物联网（IoT）、云计算、边缘计算、人工智能等数字技术让流程自动化智能化、远程监控、远程设备管理成为可能，对用户与设备交互数据的分析则为制造企业提供数据驱动的服务创造了条件。换言之，数字化不仅能够实现制造企业运营效率的提升，还可以通过供应链、生态系统海量数据的分析以提供新产品、新服务的方式为企业创造新的收入流。所以，网络时代服务化与数字化密切相关，数字化是实现服务化的手段。但是，从经济史的角度看，制造企业从产品中心向服务中心的转变从工业经济时代就开始了，制造企业服务化转型可以追溯到 20 世纪 70 年代，而数字化则开始于 20 世纪 90 年代末期。可见，服务化并不一定依赖于数字化，在没有大数据的工业经济时代，制造企业服务化已经成为制造企业获得更好经济回报的选择。与网络时代的服务化相比，由于缺少数字链接与分析技术，工业经济时代的服务化在效率、效果上总是稍逊一筹。所以，工业经济时代大规模定制总被认为是难以实现的，定制只可能发生在小规模的情况下，数字链接技术、数字传播技术与数据分析技术的发展将大规模定制的不可能转变为可能。以红领制衣为例，在数字技术的支撑下，红领制衣可以汇集来自线上线下的制定订单，并通过大数据排产在弹性生产系统中实现大规模定制。

2.2.5.2 数字服务化

服务化和数字化越来越被认为是相互关联的概念（Frank，2019），服务化被证明是一个数据密集的过程，数字化改写了服务化的组织流程（Opresnik and Taisch，2015），数据的生成与开发贯穿于产品服务设计、生产、交付和维护的各个环节（赵宸宇，2021）。制造企业利用数字技术进行监控、控制、优化与决策使企业从产品服务系统（PSS）向产品服务软件系统（PSSS）转型（Kohtamäki，2019）。学者们开始使用"数字服务化"（digital servitization）的概念来描述数字化与服务化的孪生，即通过数字技术以智能解决方案来完成价值创造与价值获取，强调产品、服务和软件之间的相互作用（Kohtamäki，

2021）。数字化和服务化本质上是同一枚硬币的两面，所以，数字化比以往任何时候都需要更多而不是更少的服务和以客户为中心。数字服务化是利用数字化技术实现制造企业从以产品为中心向以服务为中心的商业变革（Struyf，2021）。因此，数字服务化既涉及价值主张的传递，也涉及价值主张的形成，同时还与收入模式有关。数字服务化可以从服务化流程的数字化以及服务化结果的数字化来区分数字服务化的成熟程度。一般地，服务化流程的数字化是数字服务化的初级阶段，也就是制造企业利用数字技术完成服务的设计、开发、生产、传递等过程，数字技术的加入提高了原有流程的效率，既降低了成本又节省了资源。服务化结果的数字化是数字服务化的高级阶段，即制造企业利用数字技术改写产品服务系统，不仅是产品越来越智能，还是产品服务被数字产品或服务所替代。此时，产品可能会以数字服务载体的形式存在，从交易产品所有权和使用权转变为交易无形服务，制造企业从产品提供商转变为数字服务提供商。

飞利浦的转型历程是制造企业数字服务化的一个典型案例①。飞利浦公司开发的新 LED 灯具有节能、维护成本低、使用寿命长等特点，所以，LED 灯具的采购成本比一般照明灯具高。不仅如此，飞利浦公司还面临另一难题，即由于 LED 灯寿命很长，客户购买行为发生后在相当长一段时间内不需要重复购买，也就是新产品让飞利浦公司面临顾客重复购买率大大下降的局面。为此，飞利浦公司决定将照明作为一种服务来提供，而不是作为一个产品。飞利浦公司向政府、医院等商业用户提供照明设计、施工与维护服务，并在使用寿命结束时收回照明设施。因此，飞利浦公司采用了全新的收入模式，即按照照明单位向客户收取费用，也就是对服务定价而不是对产品的使用权或所有权定价。为了提供更好的用户体验，飞利浦公司同时采用数字技术对服务流程进行改造，合理的设计、高效的维护保障了用户在使用照明服务时的最佳体验。然而，制造企业从数字服务化中获益并非易事。有时，数字服务化会止步于数字形式化，或者说，相比商业模式变革制造企业更愿意接受流程的数字化改造。如前所述，唱片公司很快接受了数字技术对产业的颠覆，纷纷从胶片磁带转向音频 CD，变身为新实体媒体。但是，传统唱片公司却拒绝商业模式的转变，

---

① 资料来源：Vezzoli, C., Ceschin, F., Diehl, J. C. Product-service Systems Development for Sustainability. A New Understanding [C]. In: Vezzoli, C., Garcia Parra, B., Kohtala, C. (eds) Designing Sustainability for All [A]. Lecture Notes in Mechanical Engineering. 2021, Springer, Cham. https://doi. org/ 10. 1007/978 – 3 – 030 – 66300 – 1_1.

相反，采取了防御型战略，将战略的重点放在了 CD 知识产权保护上，以打击盗版的策略维护自己在市场上的竞争地位，唱片公司的这一做法却进一步激励了消费者对 MP3 音乐的非法下载活动。可见，传统唱片公司使用了数字技术改造了产品形式，但是却依然走在以产品为中心的商业逻辑老路上。最终，传统唱片公司的优势地位被拥有新商业模式的免费音乐网站所颠覆，传统唱片公司原有的商业模式优势被削弱。

尽管这一现象越来越重要，但是数字服务化作为服务化研究的一个新流派仍处于非常早期的阶段。到目前为止，人们对数字服务化的认识仅停留在数字化是服务化的推动者以及数字技术成为产品组成部分这两个层面（Jovanovic et al.，2021；Moller & Halinen，2017；Ritter & Pedersen，2020）。观察现实可以发现，数字服务化先驱企业有一个共同点，即他们都使用大数据、云计算、物联网等数字技术来实现监控、维护、维修等服务活动，并通过对交互数据（interactive data）的分析为用户提供成本更低、效率更高、更符合场景的新产品服务组合（Kohtamäki and Parida et al.，2019）。制造企业借助数字技术可以比用户更加清楚用户的使用场景、使用习惯与消费需求，数字化被视为促进制造企业产品服务系统创新、资源能力配置效率改善的有效手段（Struyf，2021）。然而，从服务化向数字服务化的过渡，不仅需要数字能力对服务化的匹配（Coreynena et al.，2020），或者简单地提高流程技术、硬件技术和软件技术的一致性（陈剑，2020），更需要重塑生态系统和企业边界（Sklyar et al.，2019）。因此，有学者呼吁需要在不忽视生态系统的条件下，回答数字服务化如何开展的问题（Kohtamäki and Baines et al.，2021）。

2.2.5.3 数字服务化与制造企业跨界转型的关系

驱动服务化所需的数字技术正日益普及，它正在迅速模糊传统行业的界限，产业边界正在被重新定义。因此，数字服务化是制造企业跨界转型的表现形式之一，是被数字技术改写的服务化，是数字产业、服务产业与制造产业的融合，是制造企业商业模式在数字技术驱动下从产品中心向服务中心的转变。虽然，数字服务化尚处在初级发展阶段，但是，可以预期数字服务化将出现爆炸式增长。当产品变得越来越智能，制造企业就可以通过"网"将这些智能"端"链接来，智能"端"产生的大数据在"云"中汇集并通过专业人员的分析发现新的盈利机会。因为，大数据的真正价值只有在被处理之后才会显现出来。通过收集和分析来自众多客户的数据，制造企业对客户的设备和操作行为的了解可能超过顾客对自己的了解，这就为新的高级服务的出现创造了机会，此时，以往提供产品或产品服务的制造商就转变为服务提供商。例如，当一辆卡车被改造为数字化产品后，它就变成了一辆智能卡车，每一辆智能卡车都与云平台链接，云平台收集的数据可以集成到车队管理系统中。此时，制造厂商就从卡车生产销售的业务，跨界转型为提供车队管理服务的服务提供商。所以，制造企业跨界进行数字服务化转型，首先需要完成的就是对数据收集与分析能力的战略性投资。

　　然而，数字技术投资有时会是陷入困局。一方面是因为数字技术未能与一个明确的服务业务模式相结合，没能提出一个引人注目的新价值主张；另一方面是因为没有形成一种可持续的收入模式。单纯的产品流程数字形式化只能解决流程效率提升的问题，却无法保障产品被市场接受。从需求决定供给的常识出发，制造企业必须从市场需求来考虑产品生产流程的效率，过高的效率反而会增加投资、增加产品滞销的风险。所以，数字化更需要以服务化为导向，为一个明确的服务业务模式服务，而不是被远程信息技术的技术可能性冲昏了头脑而单纯追求数字化成熟度。与此同时，数字服务化往往从免费提供服务开始，希望客户最终发现数据访问的价值，并愿意为此付费。虽然从培养用户使用习惯角度看，免费服务是必要的，但是，要为以前免费的东西付费往往是用户难以接收的，所以在新的收入模式出现前捍卫免费模式将变得越来越困难。因此，制造企业跨界转型需要将数字技术投资与服务化战略相结合，提高 IT 战略与业务战略的一致性，从而使数字技术服务于企业的业务战略。

2.3　生态系统与制造企业跨界转型

2.3.1　服务生态系统、创新与制造企业跨界转型

2.3.1.1　服务生态系统与产品服务创新

　　服务主导逻辑的演变引发了对服务生态系统的讨论，服务生态系统（service ecosystem）被定义为"由共享的制度安排和建立在服务交换基础上的价值共创而连接起来的资源整合行动者所组成的一个相对自足、自我调节的系统"（Vargo and Lusch，2016）。服务生态系统强调了情境（context）和制度（institutions）对于价值共创的作用，将认知制度（规则、角色、规范、信仰）和制

度安排（相互依赖的行动者间的合作）作为价值共同创造的基础。一方面，从服务生态系统的角度来看，服务交换被嵌入到行动者社会互动（actor social interaction）的资源整合实践中（Kaartemo et al.，2017），资源整合是价值共同创造的核心实践。同时，由于服务交换和资源整合是嵌入在各种情境中的，因此价值共创会受到情境的影响。情境价值（context value）强调在特定情境中，资源整合者间的互动所产生的价值。换言之，价值共创不仅受到企业特有资源的使用、管理或企业特征的影响，还受到环境因素的影响，如关系网络、社会结构、文化等行动者互动所处的网络、社会、文化情境都会影响到价值共创的结果。另一方面，参与交换的每个行动者都会受到一系列制度或制度安排的行为指导（Vargo and Lusch，2016）。当受共同文化、社会规范等类似制度安排影响的行动者在服务交换中相遇时，价值共创更有可能发生，相反，如果行动者之间的制度安排差异很大，价值共同毁灭的可能性就会增加。

服务生态系统理论认为，价值是由多个参与者共同创造的，所有参与者都是资源整合者。因此，研究需要从关注单一焦点企业的特定资源转向服务生态系统内适应性资源的集成和生成，即关注服务生态系统内的资源使用与管理，而不是焦点企业的优势资源，达到在减少资源耗竭、增加资源可用性的基础上创建替代性服务解决方案的目的。创造新价值的过程就是创新的过程。因此，服务生态系统视角下，创新是服务生态系统内超越组织边界的行为与过程，其关键是人、技术、信息等资源在生态系统内以价值共创为导向的集成与配置。与创新的网络观点强调网络关系、网络结构对合作的影响不同，创新的服务生态系统观点强调将行动者捆绑在一起的制度。服务生态系统内的制度塑造了行动者间的一致性，形成了行动者之间共同的信念、学习或知识共享机制。因此，服务生态系统内即存在不同制度间冲突的可能，也存在行动者通过改变信念、习得行为或新知识获得改变的可能。这就意味着，服务生态系统具有可塑性，但是，服务生态系统可塑性的强弱具有个体间差异，即有些生态系统可能无法提供一个创意蓬勃发展的肥沃土壤，或者共同的信念、学习机制不健全，从而导致生态系统间的创新效率差异。

2.3.1.2 服务生态系统、数字服务化与制造企业跨界转型

服务生态系统是制造企业跨界转型的实现方式，制造企业通过构建服务生态系统完成新产品新服务的共创，通过在生态系统内的资源整合来完成新价值的提供。构建服务生态系统是制造企业服务化转型过程中的一环，数字化则为

服务生态系统的效率提升、成本节约创造了条件，所以，服务生态系统在数字服务化中常常表现为以数字平台为基础的生态系统，行动者间通过数据链接建立互动关系。除了服务生态系统中制度对价值共创结果的影响，平台数据质量也成为数字服务化过程中价值共创结果的关键决定因素。就焦点企业而言，其需要在不同制度间进行调和，推动合作的进行，从而汇集思想，形成新的解决方案。这是因为，不同制度下不同行动者可能对问题解决方案具有不同的倾向，他们可能支持现有的制度，也可能希望颠覆现有的制度，因此需要彼此适应。所以，寻找价值观、行为规范彼此匹配的价值共创参与者并不容易，一方面需要搜寻配对，另一方面需要不断协调磨合。在固定制度对价值共创行动者影响的条件下，焦点企业所具备的创新资源整合能力就成为决定制造企业跨界转型的核心。由于服务生态系统内所有行动者都是资源整合的行为人，焦点企业必须拥有管理服务生态系统内服务交换的能力，通过激励机制的设计约束行动者共同为实现焦点企业提出的价值主张服务。

价值共创的过程就是创新的过程，而且是跨界整合的创新过程，是不同创意、不同技术、不同知识的融合式创新。信仰、价值观或规范上的一致性让共创变得更加顺畅，观点、知识、技术、资源的异质化则让融合式创新变得更有价值。所以，服务生态系统中的行动者既要求他们在价值观、行为规范等方面的一致性、匹配性，又要求他们具备资源能力的异质性。事实上，服务生态系统中每个参与者都致力于在其中植入不同的想法，并以他们认为最适合的方式培育这些想法。因此，服务生态系统中的行动者关系往往是对抗或紧张的，行动者常常怀疑当前的制度秩序是否符合他们的利益，或者发现当前的制度秩序因为他们在竞争性制度秩序上的投资而失去了吸引力。这种分歧常常会导致行动者从服务生态系统中退出，因为行动者不认为当前的制度秩序能够使其利益最大化，行动者会认为新价值创造的"游戏"不值得参与。可见，服务生态系统是高流动性的。

2.3.2　内部创业生态系统、生态链与制造企业跨界转型

2.3.2.1　内部创业生态系统与制造企业跨界转型

服务生态系统的价值在于实现特定产品服务的价值共创，是制造企业跨界进入数字产业、服务产业的实现方式。但是，客户越来越希望单一的供应商能够成为集成产品的提供者，并通过统一的数字接口接入。也就是说，用户对多

功能、多品类产品的需要越来越强烈，这就要求制造企业不仅要努力实现产品功能的整合，还要同时提供各种品类的产品，并从统一的数字平台入口与用户创建链接。换言之，制造企业为响应需求变化而进入更多产品生产领域，从原有制造领域向其他制造领域跨界。

与工业经济时代的相关多元化不同，制造企业响应需求升级跨界进入更多制造领域的背后原因是需求端的范围经济，而不是供给端的范围经济。制造企业跨界进入更多制造领域不是因为同时生产多种产品的成本更低，而是消费者同时从单一供应商获得更多产品的成本更低。消费者能够从多品类产品与服务的消费中获得比单一产品或服务更多的用户价值，这不仅仅是因为产品服务带给消费者的使用价值总和的增加，更在于当这些产品与服务从统一的数字平台入口接入，消费者的转换成本更低、消费体验更好。这是因为大量智能产品在给用户带来新价值的同时也带来用户价值减损的风险，比如，不断增加的手机App、遥控器、充电器等未被集成的软件或硬件，以及不断增加的与不同公司就设计、安装、维修、养护、更新等服务的互动，都大量挤占了用户的时间、精力与空间，使用户获得的边际价值随着智能产品数量的增加而快速下降。因此，制造企业会受到在统一数字平台接入条件下进入其他制造领域的激励。可见，数字服务化发展到一定阶段就会产生制造企业从一个制造产业向其他制造产业的跨界，并在跨边网络效应的作用下，跨界转型对企业绩效的贡献从供给端转移至用户端（吴义爽，2016）。

与工业经济时代制造企业多元化发展战略的决策不同，网络经济条件下制造企业更多采用构建创业生态系统的形式来完成其对其他制造领域的跨界。创业生态系统是由直接或间接支持新企业创建和增长的相互依赖的行动者及行动者间的关系而构成的特殊系统（Cavallo，2019）。有时，创业生态系统表现为企业内部的创业生态（intrapreneurs ecosystem），与创业生态系统（entrepreneurial ecosystem）相比，内部创业生态的创业者通常是企业的员工，制造企业通过"阿米巴"模式管理各个自负盈亏的内部创业小组的运营。虽然，创业者身份不同，但是对于一个健康的创业生态系统，内部创业的属性与创业类似。制造企业都是以投资的方式介入新业务，并不直接管理运营新业务，所有新业务均基于统一的数字平台展开，制造企业为这些创业小组或创业企业赋能，换言之，创业小组或创业企业利用制造企业提供的资源和能力解决创业的资源能力困境。此时，制造企业转变为提供资源与能力的平台，或者说，制造企业从具体业务的经营者转变为新业务的天使投资者。

2.3.2.2　内部创业生态系统、生态链、企业规模与范围

由于，制造企业以投资者而不是经营者身份进入更多制造领域，因此，制造企业面对的新制造领域的进入壁垒较低。哪些创业项目能够成长为具有一定规模的新业务具有不确定性，虽然制造企业不能决定创业项目的成长性，却可以决定进入新业务的标准。这就是说，制造企业进入新制造领域不是随意的，而是被设计的，其遵守的背后准则是产品生态链的搭建。即制造企业围绕产品生态链，选择需要进入的新制造领域，生态链的存在意义则在于能够为客户在原有用户价值基础上带来价值增值，新制造领域是原有生态链的互补产品，这种互补不是产品功能的互补，而是用户价值的互补。比如，小米最初以高性价比的手机进入市场①，然后进入操作系统、手机应用、充电宝、耳机、插线板等手机互补软硬件的生产领域，之后则开始了围绕小米手机进入手环、电视、洗衣机、电饭煲、牙刷、汽车等互补硬件产品的生产领域，此时，小米手机从最初的收入流变成了流量入口，成为小米公司链接各种互补软硬件产品服务的平台，再后来，小米进一步延伸至玩偶、衣服、动漫等品牌延伸市场。纵观小米过去十多年的发展，小米一直在围绕其生态链构建提供智慧生活的产品服务系统。事实上，小米除了手机、平台、电视、汽车是自己经营，其他硬件全部采用创业生态系统投资的方式完成布局。所以，小米绝不是一个简单的硬件制造企业，它是具有数字基因的网络型组织。

网络型组织的边界与原子型组织的边界不同，网络型组织的边界是模糊的，因此，其规模与范围就比以往工业经济时代更值得讨论。首先，在数字技术的支持下网络化的制造企业的规模比工业经济时代更大。有研究认为，网络时代的企业已经进入后钱德勒时代（Wu，2021），互联网、物联网、人工智能、云计算等数字技术让企业不再受地域与空间的限制，而产品服务的数字化发展进一步增大了企业服务对象的规模，所以，超级公司是网络时代的新特征。有趣的是，制造企业基于统一数字平台搭建的多实体协调网络，在业务职能方面实现了规模经济。比如，在整个网络内制造企业与其他创业企业在业务发展、融资、市场分析、营销沟通、IT/MIS 基础设施、人力资本管理、法律支持、财务和会计管理等职能上的共享，让规模经济出现在业务职能层面，这是工业经济时代产品层面规模经济所不具备的特征。共享部分业务职能外，每

---

① 资料来源：小米公司官网季度业绩，https：//ir. mi. com/zh－hans/financial－information/quar-terly－results。

个创业企业则将重点放在研发、产品管理和销售管理上。其次，制造企业的范围比工业经济时代更加难以判断，这是因为它已经转变为一个投资公司，制造企业对新业务并不进行实际经营。所以，虽然制造企业看似进入了更多制造领域，但是，从供给端看，这并不能代表企业范围变得更大，也不能表明范围经济的存在。然而从需求端看，用户成本随着产品服务种类的增加而减少，所以，制造企业可以获得由需求端范围经济带来的好处。

2.4 小　　结

跨界是制造企业在技术驱动和需求驱动的双轮驱动下，跨越产业边界与数字产业、服务产业及其他制造业融合，提供整合的产品与服务的企业行为。制造企业跨界转型是涉及主导逻辑转换的重大战略变革，是导致组织目标宽度扩大、目标领域转向、横纵向边界模糊以及产品服务系统创新与商业模式创新等组织活动发生根本性变更的实质性变革。制造企业通过创造性地整合产品与服务，为利益相关者创造新经济价值，为企业带来新收入源的过程。在资源能力不受限的条件下，跨界厂商可同时实施跨越不同产业边界的跨界行为。服务化、数字化以及数字服务化等当前常见的制造企业转型范式都是制造企业跨界转型的具体表现形式。制造企业跨界转型后，总是以服务生态系统的模式进行着价值共创，价值共创的过程就是创新的过程，是不同创意、不同技术、不同知识的融合式创新。服务生态系统的价值在于实现特定产品服务的价值共创，是制造企业跨界进入数字产业、服务产业的实现方式。同时，用户对多功能、多品类产品的需要越来越强烈，要求制造企业不仅要努力实现产品功能的整合，还要同时提供各种品类的产品，并从统一的数字平台入口与用户创建链接。制造企业往往以构建内部创业生态系统的方式从原有制造领域向其他制造领域跨界，进而实现对用户多功能、多品类产品的同时满足。

第 **3** 章
网络时代制造企业跨界转型的机制分析

制造企业从传统制造领域向服务业、数字产业跨界转型是外部技术、市场、竞争与制度环境发生巨变条件下的企业适应性行为，且跨界转型是涉及产品服务与商业模式的全方位战略变革。战略变革的发生以识别外部环境变化为前提，以重构内部组织能力为支撑。因此，网络时代制造企业跨界转型既是环境互动机制的结果，也是价值创造机制的结果。本章就网络时代制造企业跨界转型的机制进行理论分析，从组织生态理论与演化理论出发解读制造企业跨界转型这一重大战略变革得以触发和实现的理论机制，为后续实证检验提供理论框架。

3.1　外部环境变化与制造企业跨界转型的环境互动机制

3.1.1　环境变化与制造企业跨界转型的环境选择机制

3.1.1.1　技术融合趋势与制造企业跨界转型的环境选择机制

网络时代企业生存所面对的技术环境发生了翻天覆地的变化，沿着原有技术演化轨道而进行的渐进式技术进步，已经不再是企业生存所面对的主要技术变革威胁。技术发展的融合趋势使得企业面对越来越动荡的不确定性技术环境，企业随时会遭遇来自其他行业的技术颠覆，制造企业正在面对产业技术壁垒下降的新局面。技术上的融合发展，特别是数字技术与制造技术的融合发展，正在推动新一轮的产业融合浪潮。通过数字化变革制造企业跨界进入数字产业已经是制造企业跨界转型的主要表现。数字技术不仅改变了制造流程更改变了制造结果，数字技术在改变生产技术的同时也在改变产品技术，不仅产品形态被数字技术改写，企业商业模式也相应地被重塑。技术环境变化让不熟悉数据技术的制造企业的生存变得困难重重。此时，制造企业只有离开传统经营领域的舒适区，主动迎接新技术对原有技术的融合式创新，才有可能应对随时可能发生的技术颠覆。换言之，技术上的融合发展是制造企业跨界转型不得不适应的环境变化，环境变化选择了制造企业进行跨界转型，跨界转型是制造企业为响应技术环境变化而采取的适应性行为。

技术环境变化对制造企业的产品、流程与商业模式均构成了变革压力。一方面，技术融合趋势导致产业技术变革加快，制造企业面临快速革新现有产品技术与流程技术的压力。不仅要求制造企业采用新的融合性技术革新产品性能，更要求制造企业寻找新的融合式技术创新突破口，抢占市场先机。还要求制造企业改进生产流程，以匹配革新性产品的生产交付。事实上，融合性技术的出现已经不仅仅是对产品性能的改变，更是对产品形态的改变，智能化、数字化、服务化产品在技术融合趋势下孕育而生。事实上，研究表明制造业不仅可以与设计、金融等生产性服务业发生融合，制造业同样可以和旅游、文化等传统服务业发生融合，这些融合都改变了产品服务功能与产品服务的存在形态（Chen，2020）。同时，融合性技术也改变了产品间的关系，终端产品间的嵌入式集成，在物联网技术的支持下新的嵌入式集成产品被大量开发。随着新的融合式技术产品的开发，制造企业进入新市场，使其获得先动优势。另一方面，技术环境的变化要求制造企业根据新的融合性技术改进现有商业模式，以便更好支持新的融合式技术产品的商业实现，这就要求企业采取新的资源构建手段、改变与用户的关系并革新盈利模式。可见，制造企业为适应技术环境变化需要同时采取技术变革和商业模式变革的双重手段来推进跨界转型。

3.1.1.2 消费需求升级与制造企业跨界转型的环境选择机制

市场环境通常被企业视为威胁和机会的来源，理性的管理者常常通过创建和实施一个能够使企业与环境匹配的新的战略来对市场变化做出响应。尽管环境变化与战略内容变化之间的关系是模糊的，即不同企业对相同的环境变化采取不同方向、不同程度的响应措施，但是，没有研究会否认环境变化对企业战略变革的压力。网络时代的市场需求被牢牢打上了变化迅速、差异多样与追求便捷的时代特点。市场需求的变化迫使制造企业对变化做出响应，这种响应可能是温和的，即对现有产品和服务进行适度调整以最低成本投入对市场变化做出响应，也可能是激烈的，即转变主导逻辑围绕顾客价值重构商业模式与产品服务的系统创新。

市场需求的新变化对制造企业的产品、流程与商业模式均构成了变革压力。快速变化的市场需求倒逼制造企业加速产品更迭，差异多样的市场需求在创造细分市场的同时，对制造企业的定制化生产能力提出了要求，而用户对于便捷性的追求使得为用户提供一体化解决方案成为企业顺应市场变化的必然选择（Tieng，2021）。这些变化无一例外地赋予制造企业跨界进入服务业的变革压力。制造企业需要零距离接近用户并与用户合作，从而为用户提供设计、安装、维护、更新、金融等全生命周期的服务，进而增加用户在产品使用过程中的价值所得。此外，市场环境变化在使制造企业的产品服务发生改变的同时，也迫使企业采取新的流程、结构与模式以应对产品服务的变化。有时，商业模式变革的价值要大于产品服务创新，这是因为提升用户价值的关键在于提升用户的心理满足感，而心理满足感不仅仅与消费物质产品的功能有关，更与整个消费过程的用户体验有关，因此，改变用户关系、改变产品服务交付模式等商业模式变革是企业适应市场环境变化的关键。

3.1.1.3　竞争不确定性与制造企业跨界转型的环境选择机制

网络时代互联网对时空效应的改变让同业企业间的竞争关系被改写，竞争范围从之前的区域市场变成了全国市场甚至全球市场，与此同时，竞争对手的不确定性在技术融合趋势下变得越来越显著，制造企业面临较工业经济时代更加不确定的竞争环境。竞争不确定性或竞争环境的不稳定性对企业既是挑战也是机遇。响应竞争环境变化，制造企业既可以选择追求防御型、效率导向或专注度较低的战略，也可以选择进攻型、创新导向或专注度较高的战略。二者之间的区别在于，预防型战略以维持现有市场地位为出发点，进攻型战略则以进入新市场为战略安排的目标。研究发现，竞争环境的不稳定性导致了企业战略层面更高幅度的变化，即竞争环境不确定性越强，制造企业越可能采取进攻型战略来达到适应市场环境变化的要求。事实上，越来越多的研究证明高管通过参考他们的公共关系来应对战略决策的内在复杂性（Ocasio，2018），换言之，高管进行战略决策时会参考同群企业的战略选择。当同群企业大量采取服务化、数字化或数字服务化等模式进行跨界转型时，焦点企业会感受到来自同业企业更强的竞争压力。如果焦点企业没有采用大多数企业采取的转型策略，那么，焦点企业就面临被其他同行排斥或是被用户排斥的问题，负面成本越高的制造企业越难获得合法性。也就是，制造企业对竞争环境变化的响应不仅是对竞争不确定性的响应，也是对同业企业战略行为的响应。

竞争不确定性与同群压力对制造企业产品、流程与商业模式均构成了变革压力。一方面，竞争范围的扩大与产业融合导致的竞争对手模糊，都迫使制造企业进行产品服务内容与流程的创新，产品服务系统创新成为制造企业应对竞争压力取得竞争优势的手段之一；另一方面，同群企业服务化、数字化的变革实践对制造企业造成较大竞争压力，有研究使用模仿同构和从众压力解释了为什么企业倾向于采用与业已在其行业内使用的类似的更新举措，而不是发展自己的、企业特有的举措的合理性（Kwee et al.，2011），因此，顺应同群压力采取相同的服务主导逻辑的商业模式变革成为制造企业的理性选择。研究表明，行业同群比地区同群对制造企业跨界服务业进行服务化变革的影响更显著，既是行业同群也是地区同群的竞争环境对制造企业服务化变革的影响不显著（冯文娜，2021），说明受知识距离的影响同业企业的同群压力更容易被在位企业识别到。同时，还有研究表明具有董事关联的企业在战略选择上具有趋同性（Gordon，2000），说明存在紧密关联的企业在战略选择上可以常被作为决策参考对象来降低战略选择的不确定性与复杂性。所以，受竞争不确定性与同群压力的影响，制造企业会选择跨界转型的适应性行为。

3.1.1.4 制度环境变化与制造企业跨界转型的环境选择机制

制度理论的基本观点是用组织合法性来解释企业间的趋同性。不同的企业为了获得合法性而采取那些制度环境下理所应当的行为，换言之，出于对合法性丧失的顾虑，不同企业会选择被一般公众、意见领袖、政府等认可的企业行为。其中，选择被政府认为的行为是企业获得社会承认的基础，即获得规制合法性是认知合法性与规范合法性的前提。从2016年工业和信息化部、国家发展和改革委员会、中国工程院联合发布《发展服务型制造专项行动指南》到2020年国务院国资委办公厅发布《关于加快推进国有企业数字化转型工作的通知》再到2021年发改委等13个部门发布《关于加快推动制造服务业高质量发展的意见》，政府从制度层面不断推出新的法规与条例引导制造企业的跨界转型，并以此为契机推动制造业的高质量发展。在这样的条件下，制造企业服务化、数字化、数字服务化的跨界转型受到了强有力的来自制度环境的变革压力。事实上，各级政府为了推进制造企业跨界转型出台了包含税收减免、补贴等在内的各种措施，制造企业实施跨界转型的适应性变革受到了前所未有的正向激励。

3.1.2　环境变化与制造企业跨界转型的环境适应机制

3.1.2.1　组织环境交换与能力适应性演化

作为开放系统的组织具备将从外部环境获取的资源加工、转化为全新或改进的能力的环境互动特征，即通过转换输入系统可增强自我维系能力。或者说，开放系统最重要的特点就是响应环境变化，利用环境输入完成能力的自我更新与修复。事实上，组织生态学强调了环境对组织形式、组织行为的选择，而企业演化理论则强调了环境对企业能力的选择。环境变化会导致企业种群的衰亡或出现，具有某些共同特征的组织将更适应环境，而不具备这些特征的组织会退出市场。技术、市场、竞争与制度环境的变化都使得跨界成为制造企业发展的一种新趋势，顺应产品主导逻辑向服务主导逻辑转变的制造企业可以获新生，不能适应的制造企业会失去用户被市场淘汰。与组织生态理论不同，企业演化理论强调了企业对环境变化的主动改变，认为一些变化可能会提高组织的适应性，而另一些变化可能会使其恶化。也就是说，在组织被环境选择的同时，组织也在响应环境变化而进行着某个方面的主动转变。但是，不是任何的主动改变都会提高组织对环境的适应性。

企业演化理论认为，"开放系统具有自我维系能力，而这种能力的基础是加工从环境中获取的资源""正是这些加工过程的不同维持了开放系统结构的差异"（Scott，2003）。也就是，遵从环境选择的组织，虽然采取了相同的组织形式，但是却依然会具有不同的环境适应性表现，这是因为作为开放系统的组织拥有不同的从环境中获取资源、加工资源的加工过程，正是这些加工过程的不同造就了组织间不同的适应性表现。而这种应对外部环境变化对外部资源进行获取、加工的过程即为组织能力，或动态能力，可见，在企业演化理论中明确指明了环境变化对组织能力的选择。能力为什么会发生演化？适应性学习理论的解释是，组织是目标导向的活动系统，通过重复明显成功的行为和丢弃不成功的行为，是组织能力演化的根本原因，同时，学习可以是推理和替代的，组织可以通过实验创造产生新的知识（March et al.，1994）。换言之，从适应性学习的角度来看，当组织表现不能满足目标期望水平时，就会产生变化，触发问题驱动的搜索程序。当存在认知混乱和误解的情况下，变异就会增加，知识就会在变异中得到增长，被重复证明是明显成功的知识变异会在组织中得以保留。经过变异、选择、保留的过程，新的流程以及嵌入在流程中的惯例就会进行发展与更新。嵌入在外部网络中的企业，其能力的演化往往更容易，因为外部网络的变化可能会给企业带来新的信息。

3.1.2.2 环境动荡性与能力适应性演化

演化理论的适应性观点认为，组织可以主动适应环境而不仅仅是被动地被选择，生成在环境中自我调节的能力，以预先阻止或引导变革（Baum et al.，2006）。正如汉南和费尔曼（Hannan and Freeman，1988）所指出的，"组织—环境"关系的全面研究必须同时包含选择（selection）和适应（adaptation）。越来越多的学者支持"适应"和"选择"相互作用、彼此互补的综合观点，认为在重视选择过程的同时，应关注特定条件下组织层面所发生的适应性变化。按照汉南（Hannan，2003）的观点，为了应对环境的变化，组织会经常发生变化，组织惯例是环境选择的结果，而不是环境选择的先决条件。惯例是动态的、变化的系统，使组织可以有效地储存、开发和应用知识。演化理论的适应性观点强调了组织惯例适应性变化的战略性，即组织惯例的适应性变化是主动的、有意识的战略行动，而不是随机的摸索或模仿。

环境变化不剧烈时，被环境选择的组织惯例会被进一步强化，表现为组织更有效地资源利用，提高组织在环境中的竞争力；相反，环境变化剧烈时，组织往往通过占据不同生态位（niche）来实现动态平衡（McArthur et al.，1983）。因此，能力适应性演化的结果要么是环境动荡性较弱环境下的能力增强，要么是环境动荡性较强环境下的能力更新。二者的区别在于，环境动荡较弱情景下，企业通过不断复制现存惯例，从而在环境承载有效范围内获得利基市场（niche market）竞争优势。相反，环境动荡性较高情景下，企业往往通过拓宽生态位获得更广的资源空间来获得成长。所以，两种状态下组织惯例的适应性调整是不同的，降低市场密度的"做大"战略下，组织惯例适应性演化的方向是复制与强化，跨界进入其他资源空间的"生态位拓展"战略下，组织惯例适应性演化的方向是消亡、衰退、更新与重组。究其原因在于跨界进入新资源空间，生态位拓宽的表现就是制造企业提供了更多样的产品与服务，当制造企业开始提供完全不同的产品与服务时，就需要企业能力的重塑或更新。所以，环境变化的强烈程度影响了制造企业的战略选择，进而影响了制造企业组织惯例的适应性演化方向与程度。正如斯科特（Scott，2016）所描述的那样，组织惯例可以像基因一样被复制和改变，组织会对现存惯例进行选择性复制，变异是选择失败后的结果，当变异被证明是有效的，变异就会被作为新的组织制度化记忆保留在组织中，从而形成新的组织惯例。所以，能力适应性演化的方向与程度是被环境选择的，即环境选择了企业的能力，企业根据环境的新变化主动改变着能力以适应变化了的环境。

总之，环境选择机制说明了环境对组织形式（forms）的决定，即在相同环境条件下，不同的个体组织会形成某种相同的模式或活动形式，也就是同构（convergence）。环境适应机制说明了相同组织形式下，不同个体组织表现出不同的适应性结果是由个体组织能力的适应性演化差异决定的。也就是，制造企业的跨界转型是达尔文主义和拉马克主义的综合影响过程，如图 3－1 所示。技术、市场、竞争与制度环境的变化要求制造企业顺应趋势将主导逻辑转变为服务主导逻辑，通过进入服务业、数字产业等来推进制造企业的转型升级与高质量发展。技术、市场、竞争与制度环境从不同角度影响着制造企业跨界转型与战略变革的压力体验，技术、市场、竞争与制度环境又同时共同塑造着制造企业的组织模式与企业行为选择。可见，网络经济条件下制造企业跨界转型是对环境变化的响应，是制造企业为提升适应性绩效实现可持续成长的理性选择。当然，总有企业是环境变化的先知先觉者，作为制度创业者走在了时代前沿，这些企业是变革的最初实践者，海尔、徐工集团、小米等先进企业都是走在时代前列的实践企业。他们不只是对环境变化做出反应，更是主动创造新的机会并影响市场的演变（Peltola，2012）。即使是作为最先"吃螃蟹"的先动者，感知到环境变化对企业变革的压力是企业实施主动适应行为（proactive adaption）的前提，所以，制造企业跨界转型具有普适性。不同的是，作为后动者的被动适应（reactive adaption）行为只产生降低组织与环境变化间的不匹配，顺应环境要求，不能产生改变组织环境的结果。

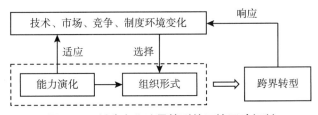

图 3－1　制造企业跨界转型的环境互动机制

资料来源：本书整理。

3.2 惯性克服与制造企业跨界转型的价值生成机制

与惯性（inertia）相关的组织因素被认为是抑制变化的"弱点"，而有助于灵活性的组织因素被认为是支持变化的"优势"。理性战略决策的观点将管理认知的作用视为一个"黑盒子"，事实上，变革决策不同于一般的运营决策，变革决策更加取决于组织对环境机会的认知与识别。与此同时，一项战略在创立之初所形成的共识程度，会降低该战略被组织内部员工的质疑或重新定位的可能，使新战略能够在组织中顺利推行。换言之，制造企业跨界转型发生的前因是企业对变革必要性与可行性的认知，或者说，是制造企业能够识别环境变化并采取调整战略的感知、期望、倾向与激励。因此，克服认知障碍，感知环境变化，扫描市场机会是开启战略变革过程的起点，跨越组织认知障碍减少变革阻力是制造企业顺利实现跨界转型必要的实现机制。组织跨越认知障碍的关键是建立关注用户变化、竞争对手变化、技术趋势变化、制度环境变化与创新创业倾向的一套价值倾向。而战略导向本质上就是企业有关长期成长的价值取向，反映了战略聚焦或注意力的关注点。因此，在战略导向不发生改变的情况下，组织难以跨越认知障碍，进而会对环境变化"视而不见"。

企业能力是把各种资源和知识聚集在一起的黏合剂，不同的战略需要不同的技术能力和不同类型的资源承诺，受到战略相对惯性的制约，组织资源与能力总是难以满足新战略的需求，组织资源与能力的这种局限严重限制了组织可能考虑的未来战略的范围。因此，组织普遍倾向于保留战略，而不是从根本上改变它，即组织总是惰性的。但是，当环境动荡性较大时，缓和的战略更新（strategic renewal）已经不能解决组织的环境适应性问题，组织又因为缺乏特定的技能、设施与人员而无法采取激进的战略更新，当企业无法通过改变其战略意图和能力来改变其路径依赖时，企业就会陷入生存困境（Shah，2020）。因此，制造企业跨界转型需要克服资源、能力障碍。制造企业跨界转型的价值实现机制如图 3 - 2 所示。商业模式创新与产品服务创新是制造企业推进跨界转型的具体方式，或者说，是制造企业跨界进入服务业、数字产业或其他制造业的手段，即开发新的产品与服务整合解决方案，或开发新的商业模式为制造企业带来新的收入来源。当然，商业模式创新与产品服务创新有时是同时发生的，制造企业在发现新服务机会的同时需要开发新的商业模式来匹配新服务的价值创造与价值传递。有时，商业模式创新与产品服务创新是独立发生的，二者并不总是同时发生。

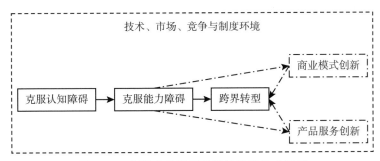

图 3 - 2　制造企业跨界转型的价值生成机制

资料来源：本书整理。

3.2.1　跨越认知障碍与制造企业跨界转型的价值生成机制

3.2.1.1　制造企业跨界转型情景下的战略导向结构

战略导向（strategy orientation）是企业的一套价值观和信念，其作用是引导企业实施正确的行为以实现卓越绩效（Zhou et al.，2005），由于企业的价值观与信念可以具体到不同问题上，因此，市场导向（market orientation）、技术导向（technology orientation）、创业导向（entrepreneurial orientation）、学习导向（learning orientation）和联盟导向（alliance orientation）等都是战略导向的内容。绝大多数研究认为市场导向是最重要的战略导向，相对于其他导向，市场导向对企业成功的贡献是压倒性的，然而，越来越多的研究表明，企业过于关注一个单一的方向往往会表现较差在长期绩效（Ibarra - Cisneros et al，2021），相反，结合不同导向的企业比只采用市场导向的企业表现更佳。

战略导向是随着市场环境、企业环境不断发展变化的一组概念，不同情景下战略导向的结构与维度会有所差别。比如，转型情景下与稳定发展情景下企业对发现新市场机会的倾向性就会有所不同，转型情景下企业迫切需要发现新的市场机会，这关乎企业的生存，而在稳定发展情景下企业对新市场机会的渴望往往低于转型情景下企业对新市场机会的偏好。再比如，产品主导逻辑下，企业不需要过多关注用户需求的变化，但是在服务主导逻辑中对用户需求的关注则成为企业生存的第一法则。所以，战略导向的具体结构维度与企业成长的具体情景密不可分。网络时代制造企业跨界转型是一次重大的组织变革，因此，每一次进入新的产业领域都离不开企业创造新的市场机会的精神，可以认为制造企业跨界转型是制造企业的再创业过程。与此同时，服务主导逻辑下企业的经营不仅不能脱离用户需求，更需要为了用户来组织安排资源进而实现价值主张，可见，只有高度重视市场的企业才有可能推动跨界转型。而数字技术的发展，让产品服务流程与产品服务形态都发生了数字化转变，因此，对新技术不保守、抱有好奇心的组织更能适应产业发展与技术发展的新趋势。可见，网络时代制造企业跨界转型条件下，企业战略导向的主要维度由创业导向、市场导向与技术导向构成。

3.2.1.2 战略导向对制造企业跨界转型的影响

战略导向反映了企业对用户、竞争对手、技术、创新、创业等问题的价值观念与倾向性。制造企业跨界转型是顺应技术融合发展与用户需求升级的制造企业变革，不仅涉及技术创新、商业模式创新，更是制造企业生存逻辑的变革。根据战略变革理论（strategic change theory），变化是唯一不变的，每一项战略的价值随着时间的推移而衰减，因此，企业应对外部环境变化的最佳方法是对未知充满期待，并为未来做好准备，除非企业接受变化，否则它们很快就被淘汰（Marta，2017）。战略变革可以是缓慢且逐渐发生的，在这种情况下，组织和管理层有足够的时间来准备变化并重新定位自己，这是一种适应性的变化。变革也可以是激进的、迅速的，这是一种破坏性的改变，经常迫使组织在没有足够的预警与准备情况下重新定位。可见，对组织来说，预见变化而不是被迫接受变化是更好的选择，这就要求企业学会主动地发起变革，而不是被动接受变革。由于战略变革涉及整个组织在战略、结构、权利、权力和控制系统等方面的变化（Marta，2017），因此，变革往往会受到内部因素的阻碍。不论是管理者还是员工都可能抵制变革，可能的原因，一是变革的结果以及变革给组织带来的影响是不确定的，二是变革会迫使员工和管理者重构现有的行为惯例，三是变革可能会颠覆现有的组织结构，触及相关人员的利益。所以，在引入变更时，变革发起者需要全面考虑这些因素。而解决这一问题的关键，不仅在于富有远见的领导，更重要的是高层管理人员要让员工接受他们的变革战略并授权员工参与变革。也就是，在组织中形成敏捷响应、主动发起变革的价值观念与倾向性，即形成更加富有接受环境变化、追求创新、不断开展新业务的战略导向。

拥有接受环境变化、追求创新、不断开展新业务的战略导向的制造企业，对市场变化更敏感也更容易接受环境变化并做出适应性调整。因此，在制造技术与数字技术融合发展与用户需求越来越要求一站式服务的环境下，拥有接受环境变化、追求创新、勇于探索新业务战略导向的制造企业更倾向于推进制造企业从传统制造产业向服务产业、数字产业以及其他制造产业的跨界。所以，战略导向是决定制造企业主动响应环境变化开展战略转型的认知态度因素，是决定转型行为发生的认知决策过程的逻辑起点。接受环境变化、追求创新、勇于探索新业务的战略导向越强，组织内部高层领导与员工对变革的接受程度越高，变革越可能受到较少的内部阻碍，制造企业越可能踏出传统业务领域。所以，战略导向决定了制造企业是否迈出跨界转型这一步，也会减少制造企业实施跨界转型所受的内部阻碍。

3.2.2　跨越能力障碍与制造企业跨界转型的价值生成机制

3.2.2.1　从资源基础到资源管理

资源基础理论（resources-based theory，RBT）认为"企业本质上是资源的集合，对资源的使用是通过企业的管理框架组织起来的，组织的持续竞争优势源自组织对有价值、稀缺的、不可替代和难以复制的资源的控制"（Barney，1991）。其中，能力、规范等隐性资源的不可替代性大于人、财、物、知识产权等可以通过交易获取的显性资源的不可替代性，即隐性资源的价值大于显性资源。显性资源可以在要素市场上通过交易获取，但是，隐性资源不具有可交易性，需要组织长期的积累。因此，传统资源基础理论强调通过构建资源优势来获取竞争优势，即阻止独特异质性资源被竞争对手模仿是保持竞争优势的主要手段。但是，越来越多的学者认识到有价值的资源与实现资源的价值不能等同，资源基础是组织竞争优势获取的非充分必要条件。

资源管理观（resources management view）认为组织对资源的恰当使用，其价值远远大于组织初始的资源禀赋，认为一切可配置的资源都可能为企业创造价值，因此，组织应当把重点聚焦在资源使用策略上，而不是资源禀赋的维护。事实上，由于能力是通过干中学、用中学以及互动中学获得的，因此，资源管理观已经将动态能力的基本观点纳入其分析框架中，强调通过对资源的获取、构建与捆绑，通过不断尝试新的资源组合来积累新能力，并通过对新能力的有效配置来获取竞争优势。针对不同的情景，资源管理观发展出资源拼凑（resource bricolage）、资源整合（resource integration）与资源协奏（resource orchestration）等不同的资源管理概念。

资源拼凑（resource bricolage）强调企业在资源有限的限制条件下利用手头资源的"将就"与整合创造新的机会，往往是创业者面临资源匮乏时的一种战略行动（Senyard，2014）。从企业现有的、闲置的、零碎的、甚至被认为是毫无价值的资源出发，通过对现有资源的将就利用、突破约束和即兴创作来获得生存优势。认为资源的价值不在于资源的属性，资源使用恰当即可"变废为宝"。资源整合（resource integration）强调拥有适当资源的参与者通过对资源分享、协作和整合来共同创造价值（Payne et al.，2008）。即拥有资源的参与者将资源配置到最合适的领域，通过参与者之间的互动完成价值共创。因此，资源整合被定义为"行动者为了另一方的利益而执行的一系列活动"。资源协奏（resource orchestration）强调企业"通过一系列以资源为核心的组织流程来应对内外部环境的变化"（Sirmon，2011）。资源协奏是对"资源管理"与"资产协奏"的整合，资源构建、资源捆绑和资源利用是构成协奏的资源管理过程的三个子流程。

3.2.2.2　资源协奏与资源禀赋、资源拼凑、资源整合的关系

资源协奏并没有否认资源基础或资源禀赋对企业竞争优势的价值。恰恰相反，资源协奏不仅需要有形资源作为支撑，企业文化、企业能力等无形资源对各项流程的开展和运行也具有决定意义。能力是使用资源完成目标的特殊变量，其产生的前提是资源，拥有丰富资源禀赋的企业更容易使用资源来创造可持续的竞争优势。资源选择和能力建设是资源创造价值的两个机制，在相对稳定的环境中企业竞争优势的建立与资源结构高度相关，但在动态的环境下它更加取决于企业利用资源构建能力的能力。因此，企业的资源协奏能力及其核心资源对企业竞争优势的获取同等重要。凯琴等（Ketchen et al.，2014）使用资源禀赋和资源协奏两个维度将企业面临的资源情境划分为四种类型，即资源和谐（资源充足且协奏良好）、资源失和（资源不足且协奏欠佳）、协奏不足（资源充足但协奏欠佳）、资源缺口（资源不足但协奏良好），进一步揭示了资源禀赋和资源协奏之间的互补关系。

资源协奏与资源拼凑的不同，体现在资源情境、资源管理模式与核心任务三方面。第一，与资源拼凑所面临的资源匮乏条件不同，资源协奏并未特指某类情景，认为以资源为核心的组织流程适用于企业成长的各个阶段。换言之，资源协奏的适用情景不受资源条件的限制，而资源拼凑针对的是资源有限情景下的组织资源使用策略。第二，资源拼凑观强调对资源的即兴创作，即强调企

业凑合利用手头资源、突破资源约束过程中的即兴发挥，是企业根据情境巧妙整合资源，赋予资源新用途、新价值与新使用方式的创意行为。因此，通常资源拼凑被解释为驱动企业创新、创业的催化剂（Kickul，2010）。资源协奏同样肯定了创新对于企业竞争优势的价值，但是不强调资源的即兴创造。在资源协奏的框架下，创新是一系列资源筛选和资源配置的必然结果，换言之，创新在资源使用流程的构建中被常态化。第三，资源拼凑的任务在于突破困境，摆脱有限资源对企业的束缚，而资源协奏旨在组织能力的构建。资源拼凑发挥作用的阶段一般是创业初期，此时企业以寻求规模增长和利润增加为主要经营目标，资源拼凑作为资源从匮乏到丰富的组织过程帮助企业摆脱不利局面并建立生存优势。资源协奏作为动态能力则关注资源基础到组织能力的转化，直接影响企业可持续竞争优势的建立。

资源协奏与资源整合的不同，是完整流程与流程环节的不同。资源协奏是由资源构建、资源捆绑和资源利用所组成的资源使用流程，资源整合在内涵上与资源构建相似，都是指资源整合者即参与价值共创的每个主体，通过对资源的整合来实现资源配置进而完成对市场的响应，其目的都是为了创造新价值。但是，资源整合不涉及通过资源整合形成新的能力以及对能力的配置与利用，仅停留在资源配置层面上。或者说，资源整合解释的是价值共创过程中所有行动者通过协作提供用户价值背后的资源共享、资源整合过程，并没有上升到新能力的生成与使用的高度，认为用户价值是通过在网络内进行有效的资源整合来实现。然而资源协奏本质上等同于动态能力，认为通过资源捆绑可以形成新的低阶能力，价值创造主体通过对新能力的配置和使用来创造新的用户价值，并不认为新用户价值的创造仅与异质性资源的组合有关。所以，资源协奏的概念内涵大于资源整合，资源整合可被认为是资源协奏的一个流程环节。

3.2.2.3　资源协奏对制造企业跨界转型的影响

资源管理观不仅肯定了资源基础的重要性，同时强调了资源创造性使用的价值，更是将动态资源基础观就能力在组织内部的生成演化融入理论框架下，认为能力这一隐性资源源自企业对资源的整合，能力配置利用产生制造企业跨界服务业、信息技术产业与其他制造产业的结果。制造企业从传统业务领域进入服务、信息等其他业务领域，不仅是一场涉及知识的资源重构过程，也是一场从产品提供向产品服务系统提供的能力重构过程。整合了资源管理和资产协奏研究框架的资源协奏理论为解答价值共创过程中资源、能力的重构提供了理论工具。动态能力本质的资源协奏，回答了为满足组织战略意图的相关运营能力的塑造过程，构建、捆绑、利用的资源管理流程明确了制造企业克服资源能力约束的具体路径。具体而言，资源构建、资源捆绑、资源利用三个协奏流程描述了获取、整合内外部资源生成并配置与新价值主张相关的能力是如何发生的，或者说，获取资源、整合资源生成新能力、按照价值主张进行能力配置就是资源协奏这一动态能力所具备的功能。动态能力是组织应对环境变化生成新运营能力的高阶能力，资源协奏就是价值共创范式下制造企业跨界转型提供"产品加服务"的新客户价值所需的高阶能力。可见，从资源协奏理论出发可以很好地解释制造企业跨界转型的价值共创过程。构建、捆绑、利用的资源流程的效率，决定了价值共创模式下新价值主张的开发成效，进而影响到制造企业跨界转型的成败。

总之，通过战略导向调整将企业注意力集中于对用户变化、竞争对手变化、技术趋势变化、制度环境变化与创新创业的关注，继而形成对产品市场在技术、需求、竞争与制度方面变化的认知。事实上，根据环境变化对制造企业跨界转型的必要性与可行性进行理性判断，是制造企业跨界转型的逻辑起点。制造企业做出跨界转型的重大战略变革需要资源与能力的匹配与支撑，因此，需要对资源与能力进行重构来克服现有资源能力与跨界转型战略之间的不匹配，并根据识别到的市场机会以及重构后的资源能力对市场变化做出响应，通过推动产品、服务创新与商业模式创新实现制造企业跨界转型提高企业的适应性，以减少与不断变化的环境条件不一致所导致的组织压力水平。

3.3 小　结

技术、市场、竞争与制度环境的变化要求制造企业采取适应性行为，通过进入服务业、数字产业等来提高企业的环境适应性绩效。由于跨界转型不只是产品服务的变化，更是商业模式的转变，因此，制造企业总是通过同时进行技术变革和商业模式变革来达成跨界转型的目的。而制造企业跨界转型成败的关键性决定因素则是制造企业对变革认知障碍与资源能力障碍的克服。因此，将适应性理论与动态能力理论相结合，制造企业跨界转型是以提升制造企业环境适应性为目的的融合式发展，是认知与能力发生适应性重构的重大战略变革。

第 **4** 章
网络时代制造企业跨界转型的
实证检验

以问卷调查数据验证影响网络时代制造企业跨界转型的内外部因素的作用，为机制分析得出的理论框架提供经验证据。验证在环境动荡性条件下，市场导向、创业导向与技术导向通过资源构建、资源捆绑与资源利用对制造企业跨界转型经济绩效与适应性绩效产生的直接与间接影响，发现不同战略导向、资源协奏对不同制造企业跨界转型绩效的差异化影响。探究环境动荡性条件下，制造企业跨界转型获得高经济绩效与高适应性绩效的企业认知特征与能力条件。

4.1 概念界定与研究模型构建

4.1.1 概念界定

4.1.1.1 制造企业跨界转型经济绩效与适应性绩效

根据机制分析的研究结论可知，制造企业跨界转型成败的判断标准是产生了适应外部环境变化的适应性结果。制造企业跨界转型绩效通常表现在两个方面，一方面是产生了更高的经济绩效（financial performance），即与转型之前相比企业获得了更高的经济回报，或者说，获得了更加健康的财务状况与可用于未来发展的资金积累；另一方面是产生了更高的适应性绩效（adaptive performance），即与转型之前相比企业对环境变化的响应更快、更好、更能抓住新的市场机遇。根据前人研究，本书将制造企业跨界转型的经济绩效定义为"跨界转型后，企业在获得经济回报方面的成功"；适应性绩效定义为"跨界转型后，企业在应对外部环境不断变化的条件和机会方面的成功"。从对制造企业跨界转型的实例观察中可以发现，经济绩效不足以说明制造企业在整个产品服务系统上技术与商业模式的全面转变，因此，需要对跨界转型绩效进行多维度的解读。但是，正如莱温特（Levinthal，2015）所言，从个体层面研究适应性绩效的研究非常丰富，从企业层面研究企业适应性绩效的研究却很稀少。因此，本书需要对制造跨界转型绩效进行概念梳理与测量设计。

跨界转型的经济绩效与适应性绩效并不总是同时出现。特别是从长期来看，一个企业所取得的超额经济租总是不稳定的，受到知识溢出的影响该企业用来创造经济租的技术、模式很容易被他人盗用。即使是从短期来看，跨界转型的经济绩效与适应性绩效也并不总是相伴而生，换言之，适应性结果有时表现为低绩效的适应，特别是在制造企业刚经历过重大变革之初。从适应性绩效上看，制造企业比跨界转型前更适应环境，但是经济绩效上却可能因为变革的成本过大或者竞争的加剧而处于较低水平。撒尔塔（Sarta，2021）提到了一个开放银行变革的例子，受合规的强制性影响银行通过采用新的技术标准表现出更强的制度适应性，但是，新的金融科技初创企业进入市场却带来了竞争的加剧，结果导致银行经济业绩受到侵蚀。

4.1.1.2 创业导向、市场导向与技术导向

战略导向反映了组织战略的注意力，或者说反映了企业在战略安排中更侧重哪些方面，是企业价值观的具体体现。企业战略导向在不同的组织情景中具有不同的侧重，就组织变革这一情景而言，创业导向、市场导向的作用更加突出（Masadeh et al.，2018），与此同时，网络时代制造企业跨界转型总是与先进信息技术的使用相伴随，因此，那些更加倾向于使用新技术接受技术变化的企业更愿意推进企业的跨界转型。所以，研究对组织变革情景下的企业战略导向划分为创业导向、市场导向与技术导向三大类，探讨不同战略导向对制造企业跨界转型绩效的差异化影响。

创业导向（entrepreneurial orientation）是企业探索新市场机会的导向（Boso et al，2013），其核心要义是进入新的业务领域或者更新现有的业务领域，换言之，是企业对探索开发新业务的倾向性。具有高创业导向的企业更愿意接受变化，愿意在动态竞争环境中调整其经营，愿意投入资源开发具有不确定性的市场机会。因此，具有创业精神的企业更加关注企业的未来，更容易突破自我进入新的市场，创业型企业表现出更具自主、创新、冒险、主动性和竞争性的特点。市场导向（market orientation）反映了企业对市场竞争者、用户以及

其他外生因素的倾向性，表现为企业在竞争对手之前感知趋势并对市场需求做出响应的程度（Boso et al, 2013）。市场导向强调收集与客户和竞争对手有关的市场信息的重要性，其目的是创造和交付具有更优用户价值的产品与服务。根据企业对不同市场需求的响应，有研究将市场导向区分为响应型市场导向与主动型市场导向，其中，响应型市场导向是企业试图理解和满足顾客表达出来的需求，而主动型市场导向被定义为企业试图理解和满足客户的潜在需求。关注市场、关注用户的企业，更愿意投入资源来为用户提供新的价值主张从而满足市场需求。技术导向（technology orientation）是企业引进或使用新技术的倾向，具有技术导向的企业被公认为是一个热衷于获取新技术和应用新技术的企业（Hakala，2011），这是因为用户往往更喜欢具有技术优势的产品。以技术为导向的企业经常鼓励、激发员工的创造性想法，鼓励员工进行产品或流程技术创新，鼓励员工发明一些全新的东西。倾向于技术创新的企业，更侧重于对新技术的投资和利用新技术来创新产品，而不是基于当前客户的需求来开发产品。

4.1.1.3　资源构建、资源捆绑与资源利用

企业正是通过与资源和能力有关的行动集合来实现对复杂动态环境的即时响应（Badrinarayanan et al.，2019），资源协奏（resource orchestration）是企业根据环境变化构建资源基础、捆绑资源形成新能力、配置利用新能力以满足战略要求的动态能力。与其他动态能力概念相比，资源协奏更强调了企业为应对环境变化而利用资源形成并配置新能力的高阶能力，资源协奏理论在强调资源基础的同时，强调了资源管理与使用的价值。换言之，资源协奏理论更好地解读了企业跨界转型内部的资源、能力形成与使用过程，打开了高阶动态能力形成低阶运营能力的过程黑箱。

资源获取、能力生成和配置应用分别对应了资源协奏中资源构建（resource structuring）、资源捆绑（resource bundling）和资源利用（resource leveraging）三个流程。根据西蒙（Sirmon，2011）的研究，资源构建是指吸收组织内外部资源构建新的资源组合，这个过程包括外部获取资源、内部资源积累和剥离等几种不同的资源行为。资源构建的目的是以价值创造为指向形成新的资源基础，为后面的捆绑资源生产能力提供可使用的资源。资源捆绑是指将资源通过进行微小的改进或开拓性的开发来捆绑为能力，这些新的能力指向新创价值的创造，新的能力既可以是原有能力的丰富，也可以是开发出的新能力。资源捆绑的目的是以价值创造为指向生成新的能力，因为能力本质上是资源的集

合，因此资源捆绑就是创造性的捆绑资源生成解决问题的新能力。资源利用是指通过动员、协调和部署来使用新能力以满足新价值创造对能力的要求。资源利用的目的是以价值创造为指向的具体的能力配置和使用，是运用被构建的新能力为用户解决问题、提供新价值的过程。因此，资源协奏是"企业对所有内部、外部资源进行编排产生并利用能够解决新问题的新的组合能力的能力"（Li M. and Jia S.，2018）。

4.1.1.4 环境动荡性

环境动荡性（environmental turbulence）、环境不确定性（environmental uncertainty）与动态环境（dynamic environment）是一组具有相似性的概念。环境动荡性被定义为产业环境中的不确定性和不可预测性水平（Kohli and Jaworski，1990），认为当环境变化出乎意料和不可预测时，就存在动荡性。在动荡的环境下企业只能利用微弱的环境信号来评估和构建情景，环境动荡性的关键问题在于环境变化所引起的变革压力，以及企业能够对一项环境变化做出响应的速度。环境动荡性的概念最初由埃梅里和特里斯特（Emery and Trist，1965）提出，认为商业环境受到多个组成群体的影响，如竞争对手、客户、供应商、股东、一般市场、监管机构、立法机构、技术、经济和社会等。安索夫（Ansoff，1993）将环境动荡性理解为可变性和可预见性的函数，而可预见性又是市场环境的可变性、变化的速度、竞争的强度、技术的丰富程度、顾客的偏好以及来自政府和影响集团的压力的组合。当环境动荡水平加剧并变得越来越具有破坏性时，企业需要调整其战略和能力以增强对环境的匹配性，那些拥有与动荡性环境匹配战略和能力的企业可以获得更好的战略绩效水平。博索等（Boso et al.，2016）认为，环境动荡性是包括监管环境、技术环境、竞争环境和客户环境动荡性在内的复合概念。其中，技术动荡是指一个行业内技术变化的速度和不可预测性；竞争动荡是指企业在行业内所面临的竞争强度；市场动荡是指顾客的构成、行为和偏好发生变化的程度和波动性；而监管动荡则是指一个行业内政府政策的变化速度快和不可预期。本书赞同环境动荡性的多侧面测量，因为只考虑一个环境而不考虑其他环境变化会造成对复杂环境影响的简单化处理，事实上，企业在决策时总是在同一时间处理多个环境变化的复杂信息。

动态环境是相对于静态环境而言的一个环境状态概念，戴思和比尔德（Dess and Beard，1984）将动态环境的特征定义为变化的快速和不可预测。环境动荡性是描述动态环境的一种环境特征变量（Li and Liu，2014），强调了动态环境的波动性与不可预测性，即环境中变化与创新的速度是波动且难以预测的，动态环境增加了在该环境中运行的个人和组织的不确定性。而环境不确定性是指对决定企业绩效的关键环境维度缺乏信息的感知，即无法预测环境变化的影响，也无法预测响应选择的结果（Milliken，1987）。米利肯（Milliken，1987）将环境不确定性区分为三种类型，其一，状态不确定性，即难以知道环境可能在哪个方向变化；其二，效果不确定性，即难以评估这些变化对特定公司的可能影响；其三，响应不确定性，即难以知道哪种类型的响应选择会产生好的结果。环境不确定性测量的是组织缺乏有关内部和外部运行环境的真实或有效信息的程度。简单地说，它测量的是组织对与组织运营相关的业务领域的未知程度。可见，环境不确定性与本书从环境变化造成制造企业跨界转型压力的理论逻辑不符，因此不被本书采用。

4.1.2　概念模型

从动态能力视角出发，决定制造企业发起、完成跨界转型的组织内部因素是战略导向与资源协奏。作为企业价值观和信念的战略导向，其作用是引导企业实施正确的行为以实现卓越绩效，企业对用户、竞争对手、技术、创新创业等问题的倾向性，引导着企业以特定方式配置、协调、使用由资源捆绑生成的新能力以实现新价值创造。所以，本书分别探讨资源构建、资源捆绑、资源利用三个资源协奏流程在创业导向、市场导向、技术导向与制造企业跨界转型经济绩效与适应性绩效间的中介作用。旨在验证关注创新创业、市场变化与技术趋势的制造企业，其战略导向选择如何通过引导资源基础重构以及新能力形成利用的方向来推进制造企业的跨界转型，使制造企业获得更好的经济回报与环境适应性。

从适应性理论（adaptability theory）出发，企业调整战略与内部结构的目的是应对环境变化，形成对环境变化快速响应、迅速发现市场机会的结果。所以，本书立足产品市场，旨在考察产品市场在用户需求、对手竞争行为、技术趋势上的变化对制造企业跨界转型的影响。一般地，外部市场环境的不可预测性越强，环境施加给制造企业的变革压力越大，制造企业跨界转型的行为越可能发生。研究同时意识到制度环境的重要作用，即政府颁布的各种规制、规范、条例等，以政府购买、减税、补贴等形式存在的正式制度环境，会对制造企业跨界转型行为形成外部激励，进而促进制造企业的跨界转型。可见，在制造企业跨界转型过程中，外部环境动荡性起到了调节作用。外部环境变化不仅仅是影响制造企业跨界转型适应性绩效影响机制中的某个环节，而且影响制造企业跨界转型的整个过程，因此，外部环境变化的调节作用是对全模型的调节。基于以上逻辑，网络时代制造企业跨界转型绩效影响因素研究的概念模型如图 4 - 1 所示。

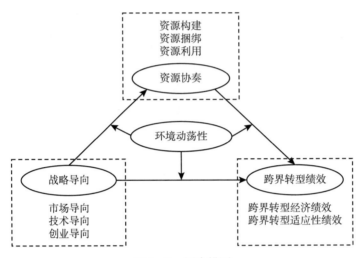

图 4 - 1　概念模型

资料来源：本书整理。

4.2　研究假设

4.2.1　创业导向、市场导向与技术导向的直接影响

作为事先存在的反映特定管理感知、倾向、激励与期望的战略导向，不仅决定了企业战略的整体方向，也决定了企业为实现绩效目标而实施的企业行为。有证据表明，结合不同导向的企业比只采用市场导向的企业表现更佳，因为，同时采用不同战略导向的企业能够获得策略互补的好处。战略导向常常被认为是企业获取高绩效的前提，因为战略导向会引导企业的资源与能力围绕绩效目标进行配置与使用，所以，战略导向被认为与企业创新、企业变革有关，被视作变革中关乎企业成败、反映企业实施战略方向的重要变量。

创业导向是企业可承担风险、具有创新精神和主动性的战略导向。拥有高创业导向的企业对创新、创业具有更强的倾向性，更愿意主动尝试风险高的组织变革，与创业导向低的企业相比，在相同的经济与制度环境中，高创业导向的企业往往是变革的先动者，企业更愿意主动从环境中探索和寻求新市场机会。因此，近年来，开始有研究关注创业导向与制造企业数字化、服务化或数字服务化转型及其绩效的关系。迪贝（Dubey，2020）发现创业导向与制造企业数字化转型的运营绩效密切相关，创业导向通过促进制造企业对大数据与人工智能能力的探索与开发实现了制造企业数字化转型的高运营绩效。沈（Shen，2020）使用中国 208 家企业的调查数据也证实了转型背景下，创业导向会通过改变战略柔性对企业绩效提升起到正向影响作用。可以判断拥有高创业导向的制造企业，将更愿意将自身资源投入跨界转型中，甚至成为跨界转型的先动者，从而使制造企业获得由先动优势带来的高经济绩效，如更快的用户响应速度、更高的市场占有率等。与此同时，高创业导向也会促使适应性绩效的改善，这是因为尝试新变革的意愿让制造企业获得了可以更快地发现新市场机会，以及对竞争对手、用户的新变化做出响应的机会。

服务主导逻辑下，市场导向对企业绩效的正向影响关系被大多数研究支持，不论是前瞻性市场导向还是响应型市场导向都与企业绩效提升具有显著关系。这是因为企业主导逻辑改变后，围绕用户、市场需求并针对竞争对手的行动采用响应措施是企业生存的基本逻辑，所以，拥有高市场导向的企业其市场绩效往往更为理想。但是，市场导向对制造企业跨界转型经济绩效的直接影响却没有在林（Lin，2019）的研究中得到证实，他发现市场导向虽然通过服务创新能力的中介作用对制造企业服务化绩效产生间接影响，但对企业服务化绩效却没有直接影响，这一结论在财务绩效和客户服务绩效两种服务化绩效中都成立，相反，服务导向则对制造企业服务化转型后的财务绩效与客户服务绩效具有显著的正向影响。本书认为市场导向对制造企业跨界转型的适应性绩效与经济绩效均具有正向的直接影响，这是因为市场导向强调了企业战略对用户、竞争对手的关注，以不落后于竞争对手的策略来满足用户需求会促进新产品服务上市速度的提升、单位劳动生产率的提升与竞争成本的下降，因此，制造企业跨界转型的经济绩效会受到市场导向的直接影响。相同地，制造企业跨界转型的适应性绩效也因为制造企业在战略上对用户与竞争对手行为的关注而更能适应环境的变化，更愿意投入资源来为用户提供新的价值主张。

技术导向关注的是企业在战略上关注新技术趋势、注重新技术采用的主动性（Tambunan，2019）。当用户对高技术产品和服务表现出浓厚的兴趣时，高技术导向的企业能够通过采用的技术生产出可立即满足客户需求的高质量高技术产品与服务。技术导向强调企业除了通过鼓励和支持创新理念来改进现有产品和服务外，还倾向于应用最新技术来推出新产品（Tambunan，2019），这与网络时代用户需求升级的趋势相一致，因此，网络时代具有高技术导向的制造企业更具有满足用户对高技术、高质量产品的需求。具有高技术导向的企业除了聘请专家为技术问题寻找解决方案之外，更要求其对技术更新具有全面的知识。不仅如此，这些企业还致力于在企业内部推广"技术推动"的理念。因此，虽然技术导向与制造企业为用户提供技术解决方案直接相关，但是，却并不是所有制造企业都可以轻易获得的组织特征，一般地，高技术企业或者创新型企业较其他企业更容易形成高的技术导向。从技术导向对制造企业跨界转型经济绩效与适应性绩效的影响看，技术导向与转型绩效间同样存在正向影响，特别是当用户对高质量、高技术产品与服务的需求旺盛时。基于以上分析，提出研究假设 H1。

H1 - 1：制造企业的创业导向对其跨界转型经济绩效具有正向影响；

H1 - 2：制造企业的市场导向对其跨界转型经济绩效具有正向影响；

H1 - 3：制造企业的技术导向对其跨界转型经济绩效具有正向影响；

H1 - 4：制造企业的创业导向对其跨界转型适应性绩效具有正向影响；

H1 - 5：制造企业的市场导向对其跨界转型适应性绩效具有正向影响；

H1 - 6：制造企业的技术导向对其跨界转型适应性绩效具有正向影响。

4.2.2 资源构建、资源捆绑与资源利用的中介作用

根据动态能力理论的基本观点，制造企业需要具备使战略与环境保持一致的某种能力才能促使制造企业达成跨界转型。这种能力允许企业更快地学习，支持企业做出变革性的转变，同时能够促使企业创建新的常规与规范以适应变革后的产品服务系统。变革时企业面临的最大挑战是重新构建他们的资源基础，以便其能够开发新的能力（Teece et al.，1997）。因此，战略变革与战略更新常被描述为企业努力重新配置其资源基础来填补能力缺口的过程（Shah et al.，2020）。但是，一个组织核心能力的重大变化类似于"创建一个新的组织"，相当于重新创造了一种新的负债，这就增大了组织失败的概率。因此，即便是组织具有使其战略与环境保持一致的能力，也需要承担变革的风险。动态能力本质的资源协奏对于缓解企业与环境的冲突、改善资源互补性至关重要。资源协奏理论是将资源管理与资产协奏相结合的新理论框架，认为企业只

有将资源以互补的方式配置在一起，才能充分发挥其资源的潜力和价值，强调企业通过构建、捆绑和利用三个资源流程，获得一切可获得的组织内外资源重构企业的资源基础，对资源进行创造性捆绑以生成与新战略相匹配的新能力，并以战略为导向对新能力进行配置与使用。战略导向引导企业的资源与能力围绕绩效目标进行配置与使用，通过改变创新偏好、促进机会识别、扩大资源获取范围与提升资源流程效率等为提升资源构建、资源捆绑与资源利用的效率与效果创造了条件。

与低创业导向的制造企业相比，高创业导向的制造企业对高风险的大胆尝试更为接受，也更鼓励创造性的资源使用，同时更擅于发现资源的潜在价值。因此，高创业导向的制造企业在资源构建、资源捆绑与资源利用的资源管理流程中更倾向于采用创造性的资源行动，更有可能通过形成独特的企业能力来提高企业战略与环境的匹配性。高市场导向的制造企业由于其更加关注用户、竞争对手等利益相关者的变化，因此，更容易识别由用户需求变动和竞争对手行为变动所带来的市场机会，加之与用户、竞争者间的互动渠道畅通更易达成利益相关者间的价值共创合作。事实上，制造企业正是通过利益相关者网络获得可被获取可用于能力生产的资源，因此，相比于低市场导向的制造企业，高市场导向的制造企业更容易扩宽资源构建的资源获取渠道，也更容易针对识别到的新市场机会来进行产品服务系统创新以满足用户需求。由于高技术导向的制造企业善于发现、利用、吸收新科技，因此，在新技术的支持下构建、捆绑、利用的资源管理流程效率更容易得到改善，或者说，构建、捆绑、利用的资源管理流程受到企业高技术导向的影响其被新技术改写而变得更加高效的概率显著提升。总之，创业导向、市场导向与技术导向对资源构建、资源捆绑与资源利用均具有促进作用，基于以上分析，提出研究假设 H2。

H2 - 1：制造企业的创业导向对资源构建具有正向影响；

H2 - 2：制造企业的市场导向对资源构建具有正向影响；

H2 - 3：制造企业的技术导向对资源构建具有正向影响；

H2 - 4：制造企业的创业导向对资源捆绑具有正向影响；

H2 - 5：制造企业的市场导向对资源捆绑具有正向影响；

H2 - 6：制造企业的技术导向对资源捆绑具有正向影响；

H2 - 7：制造企业的创业导向对资源利用具有正向影响；

H2 - 8：制造企业的市场导向对资源利用具有正向影响；

H2 - 9：制造企业的技术导向对资源利用具有正向影响。

构建、捆绑、利用的资源管理流程直接决定了制造企业跨界转型的经济绩效与适应性绩效。资源协奏是整合资源以生成支撑战略与环境匹配的关键能力的资源管理流程，是能够产生新运作能力的高阶能力，一方面，资源协奏反映了制造企业对变化了经济与制度环境的响应，另一方面，资源协奏能够生成支撑制造企业跨界转型所需的能力。首先，制造企业跨界转型是对企业资源基础的重大挑战。具有高资源协奏能力的制造企业可以在边界内外进行资源获取，在吸收、积累新资源的同时，剥离与战略目标不一致的资源，建立起与用户价值主张相一致的资源结构，为跨界转型提供稳定的资源基础。其次，制造企业跨界转型是对企业能力的重大挑战。资源捆绑流程的主要功能是将资源组合转化为特定能力，不论是对现有能力的增量改进或范围拓展还是生产新的能力，每项能力都是制造企业围绕用户价值主张有目的的资源组合与开发（Teece，2019），所以，开发或探索新的资源组合是形成制造企业跨界转型能力基础的必然之路。再次，制造企业跨界转型是对能力配置效率的挑战。集成的产品服务组合需要复杂的能力为支撑，往往这些能力不能由制造企业全部提供，因此共创是制造企业提供服务解决方案基本模式，这就涉及共创参与者间的能力协同，以及以制造企业为核心的共创活动的协调。资源利用流程以环境、战略和资源行动彼此匹配为能力配置的基本导向（Lightfoot and Gebauer，2011），所以，制造企业跨界转型需要依据外部环境与内部战略的变化来对与产品服务提供相关的能力进行有序调整和灵活部署（Chakkol et al.，2014）。重构资源基础、生成新的运营能力以及有效协调配置能力不仅会决定制造企业跨界转型的经济回报，还会影响到制造企业对环境变化的响应。基于此提出假设 H3。

H3 – 1：资源构建正向影响制造企业跨界转型经济绩效；

H3 – 2：资源捆绑正向影响制造企业跨界转型经济绩效；

H3 – 3：资源利用正向影响制造企业跨界转型经济绩效；

H3 – 4：资源构建正向影响制造企业跨界转型适应性绩效；

H3 – 5：资源捆绑正向影响制造企业跨界转型适应性绩效；

H3 – 6：资源利用正向影响制造企业跨界转型适应性绩效。

制造企业跨界转型需要制造企业搜索、对接相关资源，借由一系列行动安排实现资源获取、能力生成并进行能力的配置与应用。关注市场、技术与创新的战略导向不仅为提高制造企业资源协奏流程的效率与效果创造了条件，还引导了企业内部资源构建、捆绑与利用的方向。创业导向、市场导向与技术导向通过改变创新偏好、促进机会识别、扩大资源获取范围与提升资源流程效率等为提升资源构建、资源捆绑与资源利用的效率与效果创造了条件。资源构建、资源捆绑与资源利用的资源协奏流程则为生成与配置制造企业跨界转型所需能力提供了创造性转化的物质基础。首先，高创业导向、市场导向与技术导向的制造企业，更愿意在资源整合过程中采取创新性的资源行动来获取、捆绑和配置组织内外资源，并围绕用户需求进行能力的配置与使用，也更愿意在资源整合过程采用新技术来增强资源协奏流程的效率，从而更快、更有效、更低成本、更低市场风险地向用户提供符合用户需求的创新性的产品与服务，使制造企业获得可观的经济回报。其次，高创业导向、市场导向与技术导向的制造企业具有利益相关者接近性，因此更容易与利益相关者构建价值共创的合作伙伴关系，而合作伙伴之间的信息交流和思维碰撞影响了资源的组合方式及资源价值的释放（Leiponen，2005），企业或对部分资源调整替换以实现能力完善，或主动重构资源组合以生成新的能力。共创伙伴之间的信任提高了协作灵活性（Tsou，2015），便于制造企业随时根据经济与制度环境的变化调整资源行动、优化资源管理流程，确保在及时响应外部环境变化的条件下实现相关能力在不同模块间的高效配置，确保价值共创活动中模块与模块之间的任务兼容与能力协同。即高创业导向、市场导向与技术导向的制造企业通过资源构建、资源捆绑与资源利用实现了制造企业适应性绩效的提升。基于此，提出假设 H4。

H4 - 1：创业导向通过资源构建正向影响制造企业跨界转型经济绩效；

H4 - 2：市场导向通过资源构建正向影响制造企业跨界转型经济绩效；

H4 - 3：技术导向通过资源构建正向影响制造企业跨界转型经济绩效；

H4 - 4：创业导向通过资源捆绑正向影响制造企业跨界转型经济绩效；

H4 - 5：市场导向通过资源捆绑正向影响制造企业跨界转型经济绩效；

H4 - 6：技术导向通过资源捆绑正向影响制造企业跨界转型经济绩效；

H4 - 7：创业导向通过资源利用正向影响制造企业跨界转型经济绩效；

H4 - 8：市场导向通过资源利用正向影响制造企业跨界转型经济绩效；

H4 - 9：技术导向通过资源利用正向影响制造企业跨界转型经济绩效；

H4 - 10：创业导向通过资源构建正向影响制造企业跨界转型适应性绩效；

H4 - 11：市场导向通过资源构建正向影响制造企业跨界转型适应性绩效；

H4 - 12：技术导向通过资源构建正向影响制造企业跨界转型适应性绩效；

H4 - 13：创业导向通过资源捆绑正向影响制造企业跨界转型适应性绩效；

H4 - 14：市场导向通过资源捆绑正向影响制造企业跨界转型适应性绩效；

H4 - 15：技术导向通过资源捆绑正向影响制造企业跨界转型适应性绩效；

H4 – 16：创业导向通过资源利用正向影响制造企业跨界转型适应性绩效；

H4 – 17：市场导向通过资源利用正向影响制造企业跨界转型适应性绩效；

H4 – 18：技术导向通过资源利用正向影响制造企业跨界转型适应性绩效。

4.2.3　环境动荡性的调节作用

为了优化组织绩效，组织需要对环境进行仔细的诊断和分析，以评估动荡的程度，然后选择一种合适的战略行为模式（Thwaites and Glaister，1992）。由于新技术的出现、经济和政治形势的变化、社会价值观的改变以及客户需求的变化，环境发生了变化，环境动荡就出现了。环境变化的频率越大，越造成部分企业环境响应的困难，使这些企业遭受损失，所以环境的迅速波动往往会造成企业的压力。但是，高创业导向、市场导向与技术导向的制造企业却具有主动寻求将不稳定转化为机遇的愿意，倾向于主动改变战略方向，以达到占据更有力竞争位置的目的。首先，主动性、自主性、冒险性偏好更高的制造企业，总是主动寻找新的市场机会，更愿意将外部环境的变化视作机会而不是威胁。因此，相比于相对稳定的外部环境，更加出乎意料或不可预测的环境更会激发积极寻找市场机会的制造企业进行跨界转型。其次，具有积极市场导向的制造企业对产业发展趋势、对手竞争行为以及用户需求的变化更加敏感，相对于对市场变化不敏感的制造企业，具有敏锐感知水平的制造企业，更擅长于在动荡外部环境下的生存与发展。最后，技术的颠覆性变化对企业造成了相当大的环境动荡，当面临这些变化时，企业不得不积极响应这些颠覆性变化。与技术颠覆性变化相伴随的是市场需求偏好的改变，也造成了企业环境的动荡性，持续环境监测的制造企业迫切需要寻找新的解决方案来满足消费者需求对新技术的要求。所以，环境动荡性正向调节战略导向对制造企业跨界转型绩效的影响。

与此同时，制造企业越是积极主动、敢于创新、敢于冒险，就越加紧迫地认识到构建新的资源与能力对应对动荡的环境的重要性与必要性。按照思韦茨（Thwaites，1992）的观点，相对稳定的行业能够为组织创造更好的条件，这是因为，随着时间的推移企业会受益于知识的积累，而在相对动荡的环境中，企业关注的不是知识积累，而是获取能适应新变化的技能与资源。所以，环境动荡性越强，企业及时组织资源获取与能力生成的意愿越迫切。即，对于更具创业精神、市场响应倾向与更愿意采取新技术的制造企业而言，更愿意将环境的扰动视为一种机遇，更愿意主动出击将威胁转变为发展的机会。虽然环境动荡扰乱了企业现状，让企业面对失去市场的风险，但是环境变化也给制造企业主动离开舒适区创造了契机。因此，与将环境动荡视作威胁的制造企业不同，高创业导向、市场导向与技术导向的制造企业会更加积极地推动资源构建、资源捆绑与资源利用的能力构建与使用流程，以满足用户对新产品服务的需求为目标，改变企业的资源与能力。换言之，构建新的能力是制造企业面对环境动荡而进行的主动响应。所以，环境动荡性正向调节战略导向对资源协奏的影响。

依据西蒙（Sirmon，2011）对资源协奏的动态能力本质的界定，资源协奏就是企业对快速且不可预期的环境变化的响应方式。换言之，企业通过对资源的重组来生成新的能力以应对环境变化、获得可持续的竞争优势。由于资源的获取、捆绑和配置过程是一个充满创造与创新的过程，而动荡的环境则会激发企业的响应性学习，所以动荡环境下制造企业可以利用其资源协奏流程实现其对可能机会的利用并最大限度地减少威胁，甚至将环境中的某些不稳定性转化为机遇。动荡的环境迫使制造企业发生响应性学习，激发企业以创新的方法和思维在资源整合过程中采取创新性的资源行动来获取、捆绑和配置组织内外资源。创造性资源活动的实施会显著提高资源整合过程的资源协奏效率，从而更快、更有效、更低成本、更低市场风险地向用户提供符合用户需求的创新性的产品与服务，使制造企业获得可观的经济回报。相反，稳定的环境只需要结构化的知识，制造企业只需要沿用原有的知识路径就可以获得可观的经济回报与环境适应性。可见，在环境动荡性较低的情景下，以响应环境变化为前提的资源协奏不是必需的，或者说，企业不需要开展创造性的资源获取、捆绑和配置活动就可以适应环境。只有在动荡性高的外部环境下，制造企业才需要构建包含获取、捆绑和配置在内的资源协奏流程。所以，环境动荡性正向调节资源协奏对制造企业跨界转型绩效的影响。

总的来看，环境动荡性高的情景下，高创业导向、市场导向与技术导向的制造企业会更加积极地利用资源构建、资源捆绑与资源利用的资源协奏流程来进行新能力的构建与使用，以响应外部环境变化达到更高的财务绩效与适应性绩效。所以，环境动荡性对制造企业从战略导向到资源协奏，再到跨界转型绩效的整个过程起到调节作用，即与动荡性较低的情景相比，环境动荡性较高的外部情景下，资源协奏在战略导向与跨界转型绩效间的中介作用更显著。所以，环境动荡性正向调节资源协奏在战略导向与制造企业跨界转型绩效间的中介作用。基于此，提出假设 H5。

H5－1：环境动荡性正向调节创业导向、市场导向与技术导向对制造企业跨界转型经济绩效与适应性绩效的影响；

H5－2：环境动荡性正向调节创业导向、市场导向与技术导向对资源构建、资源捆绑与资源利用的影响；

H5－3：环境动荡性正向调节资源构建、资源捆绑与资源利用对制造企业跨界转型经济绩效与适应性绩效的影响；

H5－4：环境动荡性正向调节资源构建、资源捆绑与资源利用在创业导向、市场导向与技术导向与制造企业跨界转型经济绩效与适应性绩效间的中介作用。

4.3　测量与数据收集

4.3.1　制造企业跨界转型绩效的量表改编

制造企业跨界转型的本质是组织主导逻辑、组织目标、组织边界与活动系统发生根本性变更的重大战略变革，转型改变了制造企业的运营效率、新价值创造或新收入来源以及对环境变化的适应，因此制造企业跨界转型绩效不只是反映变革后经济绩效的变化，还需要对变革后制造企业的环境适应性进行测量。根据组织适应性理论（adaptation theory），适应即被视为调整组织战略和结构以适应环境变化的过程，也可以是组织为提高绩效而进行的一种行为尝试，还可以被定为组织变革产生的结果。即适应可以是对过程的描述，也可以是一种行为，还可以是一种结果。从结果的角度看，适应往往表现为"随着时间的推移，企业在应对环境中不断变化的条件和机会方面取得的成功"（Staber，2002），常见的度量方法包括考察新产品的成功或在特定时间框架内计算新产品的销售收入。但是，制造企业跨界转型是一次涉及商业资产、功能、流程、模式、生态系统等的战略变革，仅考虑新产品收入或新产品开发成功的测量是不足以描述转型后制造企业对环境的适应性变化。而跨界转型三要素中的运营效率改善和新价值创造或新收入来源，都可以通过经济绩效加以测量。故制造企业跨界转型绩效包含制造企业跨界转型经济绩效与适应性绩效两个维度。制造企业跨界转型可以表现为数字化、服务化、数字服务化等多种形式，因此可以借鉴数字化、服务化、数字服务化中的相关研究完成制造企业跨界转型绩效的量表开发。正是因为拥有数量众多的研究可被参考，保障了量表开发的理论正确性。本书严格遵照斯佩克特（Spector，1992）给出的量表开发步骤进行量表开发，具体包括定义构造、设计量表和项目、进行试点测试、管理和验证四个步骤。

首先，定义构造。本书将制造企业跨界转型适应性绩效的概念定义为"跨界转型后，制造企业在应对外部环境不断变化的条件和机会方面的成功"，该定义来自两个企业适应性绩效的经验研究（Morgan et al.，2003；Walker，1987）。事实上，摩根（Morgan，2003）和后辈学者都参考了沃克和鲁克（Walker and Rueker，1987）的研究，这是因为与个体层面的适应性绩效研究不同，组织层面的适应性绩效研究较少，所以大多数研究都沿袭了沃克和鲁克的开创性工作。本书采用的定义是对原始定义在措辞上稍加改动而成，沃克的定义是"企业在应对环境中不断变化的条件和机会方面的成功"，本书在定义中增加了"跨界转型后"的情景描述，以反映出适应性绩效的测量情景，同时在定义中增加了"外部"两字。这是因为，适应性绩效既可以是企业对外部环境变化进行响应的结果，也可以是对组织内部环境变化进行响应的结果，本书认为制造企业跨界转型是响应外部环境变化而引发的适应性改变，因此，在定义中增加了"外部"两字。研究将制造企业跨界转型经济绩效的概念定义为"跨界转型后，制造企业的财务健康状况和可用于增长的资源"，该定义来自马席克和沃特金斯（Marsick and Watkins，2003）的经验研究，其原始定义是"企业的财务健康状况和可用于增长的资源"，研究仅在原始定义中增加了"跨界转型后"的情景描述。

其次，通过文献梳理创建了 17 个条目的适应性绩效与经济绩效测量条目池，研究邀请相关领域 2 名专家和团队 3 名研究生对池中的条目进行了迭代评审和细化，目的是判断条目是否能够代表适应性绩效与经济绩效的定义结构，并判断条目是否需要被改写，识别出不适合代表适应性绩效与经济绩效的测量条目。"组织层面的适应性绩效和经济绩效"和"外部环境"是专家团队讨论的主要标准。专家团队需要对表达不明确、术语不明确、含义不明确的条目进行反馈。根据专家团队的反馈和意见，研究人员最终从条目池中剔除了语义重叠和测量不准确的条目，最后制定了分别包含 6 个条目的适应性绩效与经济绩效测量量表初稿，条目详见表 4 - 1。同时，专家团队建议"跨界转型"需在测量时被明确界定，以防止出现测量中的情景模糊，因此，研究在调查问卷的指导语中对"跨界转型"进行了明确说明。即，跨界转型是指制造企业跨越原有产业边界创造性的整合产品与服务，以"硬件 + 软件 + 服务"或"产品 + 服务"的形式为利益相关者创造新经济价值，为企业带来新收入来源的过程。

表 4 – 1　　　　　　　　　　制造企业跨界转型绩效测量条目池

变量	测量条目	文献来源
制造企业跨界转型经济绩效（CTFP）	与过去相比，公司的市场占有率提升 与过去相比，公司的收入增长率提升 与过去相比，公司的投资回报率提升 与过去相比，每笔商业交易的成本降低 与过去相比，员工的劳动生产率提高 与过去相比，响应客户投诉的时间更短	波尔拉（Paulraj, 2011） 麦卡勒夫等（Mikalef et al., 2017） 布斯廷萨（Bustinza, 2020）
制造企业跨界转型适应性绩效（CTAP）	与过去相比，公司更好地对适应了组织范围的变化，如并购、进入新市场等 与过去相比，公司更好地响应了行业变化 与过去相比，公司更快地响应了竞争对手产品与服务的变化 与过去相比，公司更快地抓住了商业机会 与过去相比，公司更好地处理了意外事件 与过去相比，公司采用新技术的速度更快	卡拉季奇等（Karadzic et al., 2013） 格里芬等（Griffin et al., 2007） 金姆（Kim, 2017） 普拉约戈等（Prajogo et al., 2006）

资料来源：本书整理。

最后，进行试点测试。2019 年 10 月完成了试点测试。样本选择的标准是提供"硬件＋软件＋服务"或"产品＋服务"超过三年的制造企业，调查对象为目标企业的中高层管理者，从而确保被试对问卷调查内容有明确认知。研究将包含 12 个条目的初始量表编制成网络问卷发放，采用个别发送的方式邀请 100 位制造企业中高层领导完成数据采集，测试中共回收问卷 89 份，其中，有效问卷为 74 份。采用 SPSS 统计软件进行探索性因子分析，结果发现制造企业跨界转型绩效可以形成清晰的 2 个维度，即经济绩效与适应性绩效。但是，部分条目的因子载荷小于 0.4，同时，存在同一个测量条目多重高负荷的情况，所以删除了"与过去相比，响应客户投诉的时间更短""与过去相比，每笔商业交易的成本降低"以及"与过去相比，公司更好地对适应了组织范围的变化，如并购、进入新市场等""与过去相比，公司更好地处理了意外事件"四个条目，形成了由 8 个测量条目构成的正式测量量表。被删除的条目中"与过去相比，响应客户投诉的时间更短""与过去相比，每笔商业交易的成本降低"和"与过去相比，公司更好地处理了意外事件"三个条目的共同度较低，可能的原因是响应客户投诉时间与处理意外事件作为经济绩效与适应性绩效测量条目的合理性较低。条目"与过去相比，公司更好地对适应了组织范围的变化，如并购、进入新市场等"存在多重高负荷的问题，说明该条目同时可以反映经济绩效与适应性绩效，且该条目与经济绩效中的市场占有率提升有一定的内在联系，所以做删除处理。修正后的测量量表进行探索性因子分析，如表 4 − 2 所示，量表通过了 KMO 和 Bartlett 球度检验（$KMO = 0.831$，$\chi^2 = 1419.265$，$Sig < 0.001$），且采用最大方差法为转轴方法抽取主成分，所析出两个因子分别对应于理论构建的两个潜变量且各因子载荷值均高于 0.7，说明量表条目调整较为合理。

表 4 − 2　　　　　　　制造企业跨界转型绩效修正后的测量条目

变量	测量条目	因子载荷	
制造企业跨界转型经济绩效（CTFP）	与过去相比，公司的市场占有率提升	0.399	0.722
	与过去相比，公司的收入增长率提升	0.415	0.761
	与过去相比，公司的投资回报率提升	0.492	0.713
	与过去相比，员工的劳动生产率提高	0.452	0.730
制造企业跨界转型适应性绩效（CTAP）	与过去相比，公司更好地响应了行业变化	0.814	0.370
	与过去相比，公司更快地响应了竞争对手产品与服务的变化	0.764	0.486
	与过去相比，公司更快地抓住了商业机会	0.773	0.423
	与过去相比，公司采用新技术的速度更快	0.781	0.365

资料来源：本书整理。

4.3.2　变量测量

研究采用的测量量表主要来自被反复引用并验证的成熟量表，在结合制造企业跨界转型具体情境的基础上，对部分表述进行了修改。对于较为成熟的英文量表，采用多次中英互译，以及与采用该量表的中文文献比对等方式进行语义修正，最终确定中文量表。自变量、中介变量和因变量均采用李克特 5 点量表进行测量，选项 1 ~ 5 分别代表"非常不符合""不符合""一般""符合"和"非常符合"。

第一，自变量的测量。战略导向包含创业导向（EO）、市场导向（MO）与技术导向（TO）。其中，创业导向（EO）的测量主要参考纳苏迪温等（Nasution et al.，2011）的研究，采用 4 个测量题目表来评估企业在自主性、冒险性和主动性方面的表现。市场导向（MO）参考纳维和斯莱特（Narver and Slater，1990）的研究，采用的一个包含 4 个测量条目的量表来衡量企业在顾客导向、竞争对手导向和职能间协调方面的倾向。技术导向（TO）参考了周等（Zhou et al.，2005）和茉和迪·贝内德托（Mu and Di Benedetto，2011）的研究，使用 4 个测量条目来评估企业在新产品新服务开发中使用最新技术的趋势。

第二，中介变量的测量。资源协奏是一个包含资源构建（RS）、资源捆绑（RB）和资源利用（RL）在内的构念，其测量在参照西蒙等（Sirmon et al.，2011）资源协奏定义的基础上，主要参考卡恩斯（Carnes，2017）和王等（Wang et al.，2020）的实证研究。由于资源协奏是一种通用理论，可以适用于各种组织情景，所以，为了缩小范围并确保企业在回答资源构建、捆绑与利用时对资源与能力的理解与制造企业跨界转型相一致，研究对测量量表的表述进行了适度改编。在测量中突出了与开发新产品和新服务相关的资源与能力以反映制造企业跨越产业边界创造性的整合产品与服务而对企业能力要求的变化。

第三，因变量的测量。研究认同马席克和沃特金斯（Marsick and Watkins，2003）的观点，即适应性绩效作为无形的组织绩效，与组织的财务绩效存在较大差异。研究采用适应性绩效是"跨界转型后，制造企业在应对外部环境不断变化的条件和机会方面的成功"，经济绩效是"跨界转型后，制造企业的财务健康状况和可用于增长的资源"。测量采用改编后的量表，分别由 4 个测量条目对跨界转型后的经济绩效与适应性绩效进行测量，量表的原始条目主要参考了金姆（Kim，2017），卡拉季奇等（Karadzic et al.，2013）、波尔拉（Paulraj，2011）和麦卡勒夫等（Mikalef et al.，2017）的研究。

第四，调节变量的测量。本书采用（Boso et al.，2016）与胡（Hu，2018）的研究观点，认为环境是包括监管环境、技术环境、竞争环境和客户环境在内的复合概念，因此环境动荡性需要测量政策环境、技术环境、竞争环境与市场需求环境的变化速度与不可预测性。赞同环境动荡性的多侧面测量，认为只考虑一个环境而不考虑其他环境变化会造成对复杂环境影响的简单化处理。在参考博索等（Boso et al.，2016）与胡（Hu，2018）的研究的基础上，本书采用了包含"我们行业的增长机会是不可预测的"等四个条目的测量。四个条目分别测量了一个行业内技术变化的速度和不可预测性；企业在行业内所面临的竞争强度；顾客的构成、行为和偏好发生变化的程度和波动性；以及一个行业内政府政策的变化速度快和不可预期。

第五，控制变量的测量。控制变量包括分类变量与定距变量两类。其中，分类包括所有制形式（OW）（1 = 国有企业；2 = 民营企业；3 = 三资企业；4 = 其他）、企业规模（SC）（1 = 小型企业；2 = 中型企业；3 = 大型企业）、企

业成立年限（*YE*）（1 = 5 年及以下；2 = 6 ~ 10 年；3 = 11 年及以上）、行业
（*IN*）（1 = 通信、电子设备制造业；2 = 化学化工制造业；3 = 通用设备制造
业；4 = 电气机械及器材制造业；5 = 交通运输设备制造业；6 = 金属及非金属
制造业；7 = 专用设备制造业；8 = 家具设备制造业；9 = 其他制造业）、研发投
入占营业收入比重（*R&D*）（1 = 低于行业平均水平；2 = 等于行业平均水平；
3 = 高于行业平均水平）。定距变量采用李克特五级量表测量，包括结构刚性
（structural rigidity，SR）、供应链权利（supply chain power，SCP）、数字化投资
（digitalization investment）等。结构刚性测量的是制造企业的结构维持原有特
征的属性，反映了结构与战略的一致性，即内部结构与企业战略的匹配程度，
结构刚性越强结构对战略变革的束缚性越强，相反，结构弹性越大对战略变革的
包容性越强（Greve，2011；Lenka et al.，2018）。供应链权利测量的是制造企业
在供应链上的主导权，反映了制造企业所处供应链的权利不对称性，供应链参与
企业受制造企业权利的影响程度（Cox，1999；Reimann et al.，2017）。数字化投
资测量的是制造企业在数字化上投入的资金数量（Paschou et al.，2020）。

表 4 – 3　　　　　　　　　　　　主要变量测量条目与文献来源

变量	测量条目	文献来源
市场导向（*MO*）	公司追求顾客的创造 公司可以快速回应竞争者的行动 公司追求目标市场的竞争优势机会 公司的所有部门都致力于创造顾客价值	纳维和斯莱特（Narver and Slater，1990）
技术导向（*TO*）	我们的新产品所使用的技术通常都是当前最新的技术 创新技术已经应用在我们的新产品开发管理中 公司积极地寻找创新构想 公司鼓励员工提出对于新产品发展的创新构想	周等（Zhou et al.，2005） 茉和迪·贝内德托（Mu and Di Benedetto，2011）
创业导向（*EO*）	我们公司，员工被赋予了更多权利来进行自我管理 我们公司更强调通过变革获得成功而不是失败 我们公司总是在不断地寻求新的发展机会 我们公司把失败看作是可被积累的经验	纳苏迪温等（Nasution et al.，2011）
资源构建（*RS*）	公司从组织内部和外部获取与产品、服务相关的资源 公司以各种方式积累与产品、服务相关的资源 公司通过获取或剥离部分资源以改善与产品、服务相关的资源构成 公司通过获取、积累与剥离等活动形成企业新资源池	卡恩斯（Carnes，2017） 王等（Wang et al.，2020）

续表

变量	测量条目	文献来源
资源捆绑（RB）	公司通过建立资源组合以生成必要产品、服务能力 公司通过优化资源组合以提升现有产品、服务能力 公司重新组合部分资源以形成新的产品、服务能力 公司通过整合资源来形成新的能力	卡恩斯（Carnes，2017） 王等（Wang et al.，2020）
资源利用（RL）	公司有计划和目标地使用相关产品、服务能力 公司根据各项业务需要动态配置相关产品、服务能力 公司根据市场机会和企业战略灵活部署相关产品、服务能力 公司利用企业能力来完成对特定商业机会的开发	卡恩斯（Carnes，2017） 王等（Wang et al.，2020）
环境动荡性（ET）	我们行业的增长机会是不可预测的 在我们这个行业，客户的偏好变化很快 在我们这个行业，产业创新的变化率非常高 在我们这个行业，政府政策的变化速度快	博索等（Boso et al.，2016） 胡（Hu，2018）
跨界转型经济绩效（FP）	与过去相比，公司的市场占有率提升 与过去相比，公司的收入增长率提升 与过去相比，公司的投资回报率提升 与过去相比，员工的劳动生产率提高	麦卡勒夫等（Mikalef et al.，2017） 布斯廷萨（Bustinza，2020）
跨界转型适应性绩效（AP）	与过去相比，公司更好地响应了行业变化 与过去相比，公司更快地响应了竞争对手产品服务变化 与过去相比，公司更快地抓住了商业机会 与过去相比，公司采用新技术的速度更快	卡拉季奇等（Karadzic et al.，2013） 金姆（Kim，2017） 普拉约戈等（Prajogo et al.，2006）

资料来源：本书整理。

4.3.3 数据回收与量表信效度

4.3.3.1 样本选择与样本特征

样本选择的标准是提供产品延伸服务超过三年的制造企业，为确保被试对问卷调查内容有明确认知，调查对象选择为目标企业的中高层管理者。问卷主要通过与省企业家联合会、高校校友会、高新技术开发区管委会等途径进行发放，为保证问卷回收率，部分问卷采用亲朋好友个别发送的形式投放问卷。预调研中，共发放 50 份问卷，根据问卷反馈对问卷进行了修改和完善。正式调研共分两个阶段：首先，于 2020 年 8 月至 9 月进行第一次问卷收集，要求被试根据 2017～2019 年企业发展现状回答自变量、中介变量及控制变量的测量题项。问卷发放 3221 份，回收有效问卷 313 份，根据样本的行业信息与规模信息对无响应偏差进行检验，发现不论是企业规模还是行业类型无应答样本与应答样本间不存在显著差异，可以认为调查的无响应偏差在可接受范围内。其次，于 2021 年 1～2 月针对第一轮返回有效问卷的制造企业展开第二次数据收集，要求被试根据 2020 年的情况回答因变量、调节变量及控制变量的测量题项。最终剔除存在明显错误及部分数据缺失的无效问卷后，两轮数据收集工作共回收有效问卷 305 份，样本覆盖广东、江苏、山东、河南等制造业强省，详见表 4－4。

表 4－4　　　　　　　　　　　　**样本特征的描述性统计**

样本特征		频数	频率（%）	样本特征		频数	频率（%）
所有制性质	国有（含国有控股）企业	116	38	行业类型	通信、电子设备制造业	70	23
	民营企业	129	42.3		化学化工制造业	43	14.1
	三资企业	46	15.1		通用设备制造业	22	7.2
	其他	14	4.6		电气机械及器材制造业	22	7.2
企业规模	小型企业	81	26.6		交通运输设备制造业	32	10.5
	中型企业	101	33.1		金属及非金属制造业	24	7.9
	大型企业	123	40.3		专用设备制造业	19	6.2
企业成立年限	5 年及以下	40	13.1		家具设备制造业	6	2.0
	6～15 年	50	16.4		其他制造业	67	22
	16 年及以上	215	70.5				

资料来源：本书整理。

4.3.3.2　量表信效度

研究通过 SPSS 26.0 对调研结果进行信度、效度分析，使用科隆巴赫系数进行信度检验，各构念的科隆巴赫系数均大于 0.8，因此量表具有较高的一致性信度；使用因子载荷、AVE、复合信度（CR）等进行效度检验，用 MPLUS 8.3 进行验证性因子分析（CFA），各条目因子载荷值都大于 0.68，且变量的复合信度（CR）均大于 0.8，平均方差提取值（AVE）均大于 0.5，问卷具有较好的收敛效度。具体数值如表 4－5、表 4－6 所示。

表 4 – 5 量表信度检验

因子	测量题项	载荷值
MO ($\alpha = 0.896$, $AVE = 0.687$, $CR = 0.898$)	2017 ~ 2019 年，公司追求顾客的创造	0.853
	2017 ~ 2019 年，公司可以快速回应竞争者的行动	0.843
	2017 ~ 2019 年，公司追求目标市场的竞争优势机会	0.853
	2017 ~ 2019 年，公司的所有部门都致力于创造顾客价值	0.763
TO ($\alpha = 0.883$, $AVE = 0.651$, $CR = 0.882$)	2017 ~ 2019 年，我们的新产品所使用的技术通常都是当前最新的技术	0.860
	2017 ~ 2019 年，创新技术已经应用在我们的新产品开发管理中	0.830
	2017 ~ 2019 年，公司积极地寻找创新构想	0.815
	2017 ~ 2019 年，公司鼓励员工提出对于新产品发展的创新构想	0.716
EO（VC） ($\alpha = 0.834$, $AVE = 0.510$, $CR = 0.806$)	2017 ~ 2019 年，我们公司员工被赋予了更多权利来进行自我管理	0.683
	2017 ~ 2019 年，我们公司更强调通过变革获得成功而不是失败	0.769
	2017 ~ 2019 年，我们公司总是在不断地寻求新的发展机会	0.702
	2017 ~ 2019 年，我们公司把失败看作是可被积累的经验	0.700
FP ($\alpha = 0.879$, $AVE = 0.644$, $CR = 0.878$)	2020 年与过去相比，公司的市场占有率提升	0.798
	2020 年与过去相比，公司的收入增长率提升	0.811
	2020 年与过去相比，公司的投资回报率提升	0.791
	2020 年与过去相比，员工的劳动生产率提高	0.809
AP ($\alpha = 0.872$, $AVE = 0.659$, $CR = 0.885$)	2020 年与过去相比，公司更好地响应了行业变化	0.823
	2020 年与过去相比，公司更快地响应了竞争对手产品与服务的变化	0.862
	2020 年与过去相比，公司更快地抓住了商业机会	0.816
	2020 年与过去相比，公司采用新技术的速度更快	0.743
RS ($\alpha = 0.876$, $AVE = 0.640$, $CR = 0.876$)	2017 ~ 2019 年，公司从组织内部和外部获取与产品、服务相关的资源	0.759
	2017 ~ 2019 年，公司以各种方式积累与产品、服务相关的资源	0.810
	2017 ~ 2019 年，公司通过获取或剥离部分资源以改善与产品、服务相关的资源构成	0.826
	2017 ~ 2019 年，公司通过获取、积累与剥离等活动形成企业新资源池	0.804
RB ($\alpha = 0.877$, $AVE = 0.641$, $CR = 0.877$)	2017 ~ 2019 年，公司通过建立资源组合以生成必要产品、服务能力	0.766
	2017 ~ 2019 年，公司通过优化资源组合以提升现有产品、服务能力	0.817
	2017 ~ 2019 年，公司重新组合部分资源以形成新的产品、服务能力	0.788
	2017 ~ 2019 年，公司通过整合资源来形成新的能力	0.831

续表

因子	测量题项	载荷值
RL （ $\alpha = 0.913$ ， $AVE = 0.729$ ， $CR = 0.915$ ）	2017～2019 年，公司有计划和目标地使用相关产品、服务能力	0.855
	2017～2019 年，公司根据各项业务需要动态配置相关产品、服务能力	0.903
	2017～2019 年，公司根据市场机会和企业战略灵活部署相关产品、服务能力	0.864
	2017～2019 年，公司利用企业能力来完成对特定商业机会的开发	0.789
ET（*PIC*） （ $\alpha = 0.832$ ； $AVE = 0.540$ ； $CR = 0.824$ ）	2017～2020 年，我们行业的增长机会是不可预测的	0.718
	2017～2020 年，在我们这个行业，客户的偏好变化很快	0.749
	2017～2020 年，在我们这个行业，产业创新的变化率非常高	0.732
	2017～2020 年，在我们这个行业，政府政策的变化速度快	0.739

资料来源：本书整理。

选取 χ^2/df 、*CFI*、*TLI*、*RMSEA*、*SRMR* 作为验证指标检验九因子模型结构效度及变量间的区分效度。如表 4 - 6 所示，九因子模型拟合指数明显高于备选因子模型的拟合指数，即九因子模型的各变量间区分效度良好。研究使用 MPLUS 8.3 统计软件对所有主要变量进行验证性因子分析。对比分析各因子模型，研究模型的模型配适度最优（ $\chi^2/df = 1.645$ 、*RMSEA* $= 0.046$ 、*SRMR* $= 0.039$ 、*TLI* $= 0.949$ 、*CFI* $= 0.956$ ），显示出量表具有较好的判别效度，可以进行假设检验分析。

表 4 - 6　　　　　　　　　　CFA 验证区分性拟合指数

模型	因子	χ^2/df	*RMSEA*	*SRMR*	*CFI*	*TLI*
九因子分析	*MO*，*TO*，*EO*，*FP*，*AP*， *RB*，*RS*，*RL*，*ET*	1.645	0.046	0.039	0.956	0.949
八因子分析	*MO*，*TO*，*EO*，*FP* + *AP*， *RB*，*RS*，*RL*，*ET*	2.285	0.065	0.047	0.911	0.899
七因子模型	*MO* + *TO*，*EO*，*FP* + *AP*， *RB*，*RS*，*RL*，*ET*	3.112	0.083	0.056	0.851	0.834
六因子模型	*MO* + *TO* + *EO*，*FP* + *AP*， *RB*，*RS*，*RL*，*ET*	4.842	0.112	0.101	0.725	0.698
五因子模型	*MO* + *TO* + *EO*，*FP* + *AP*， *RB* + *RS*，*RL*，*ET*	5.615	0.123	0.106	0.666	0.637

续表

模型	因子	χ^2/df	RMSEA	SRMR	CFI	TLI
四因子模型	$MO + TO + EO$，$FP + AP$，$RB + RS + RL$，ET	6.468	0.134	0.113	0.601	0.570
三因子模型	$MO + TO + EO + RB + RS + RL$，$FP + AP$，$ET$	7.108	0.142	0.118	0.552	0.519
二因子模型	$MO + TO + EO + RB + RS + RL + ET$，$FP + AP$	7.862	0.150	0.126	0.495	0.460
单因子模型	$MO + TO + EO + RB + RS + RL + FP + AP + ET$	8.376	0.156	0.129	0.456	0.420
不可测量潜在因子模型	固定潜在方差因子的所有载荷值相等，且方差为1	1.933	0.056	0.046	0.952	0.944

注：+表示将变量进行合并。

资料来源：本书整理。

4.3.3.3 变量描述性统计

主要研究变量的均值、标准差、AVE 的算数平方根及 Pearson 相关系数等，如表 4 - 7 所示。且所有变量的 AVE 算数平方根均大于任意变量间的相关系数，因此量表的判别效度较好。主要自变量间存在显著的相关关系，但是，自变量间、中间变量间、因变量间以及各变量之间的相关系数绝大多数在 0.5 以下，说明各变量的独立性较好，不存在严重的变量间相互重合的问题。而各变量的彼此相关，则为验证研究假设的合理性提供了初步证据。从各变量均值和标准差的情况来看，各变量的数据分布较为接近（0，1）的正态分布。

表 4 - 7 主要变量相关系数及区别效度

Var	Mean	SD	相关系数及 $\sqrt{AVE}$								
			MO	TO	EO	FP	AP	RS	RB	RL	ET
MO	3.598	0.886	0.829								
TO	3.457	0.859	0.459***	0.807							
EO	2.949	0.909	0.072	0.092	0.714						
FP	3.687	0.860	0.421***	0.418***	0.132**	0.802					
AP	3.615	0.848	0.367***	0.314**	0.038	0.511***	0.812				
RS	3.489	0.830	0.440***	0.492***	0.056	0.420***	0.453***	0.800			

续表

Var	Mean	SD	相关系数及$\sqrt{AVE}$								
			MO	TO	EO	FP	AP	RS	RB	RL	ET
RB	3.539	0.786	0.493***	0.428***	0.086	0.407***	0.481***	0.455***	0.801		
RL	3.480	0.857	0.391***	0.474***	0.042	0.484**	0.452***	0.491***	0.480***	0.854	
ET	3.048	1.039	0.123**	0.082	0.420***	0.047	0.013	0.074	0.008	0.125**	0.735

注：**、***分别表示 $p < 0.05$、$p < 0.01$，斜对角线的数值为变量的 AVE 的平方根。
资料来源：本书整理。

4.3.3.4 同源误差检验

采用匿名调查、题目顺序调换、变量分次回收等方法进行严格程序控制，通过削弱被试对测量目的的猜度来减小测量可能存在的同源误差。事后采用 Harman 单因素检验和单一方法潜因子的统计控制方法对同源误差的影响进行检验。结果表明，第一个主成分所解释的方差为总方差的 36.338%，低于 40% 的阈值。同时，加入单一方法潜因子的 CMV 模型拟合情况（$\chi^2/df = 1.933$，$RMSEA = 0.056$，$SRMR = 0.046$，$CFI = 0.952$，$TLI = 0.944$）明显较预设研究模型的拟合度（$\chi^2/df = 1.645$，$RMSEA = 0.046$，$SRMR = 0.039$，$CFI = 0.956$，$TLI = 0.949$）更差，表明本书不存在明显的同源误差。

4.3.3.5 内生性检验

本书从研究设计和数据分析方法的选择上对内生性做出事前控制，以削弱内生性问题的影响。首先，纳入尽可能多的同时影响被解释变量和解释变量的控制变量来丰富模型降低遗漏变量风险。其次，采用结构方程模型（SEM）检验研究模型，在不受测量误差影响下进行路径分析；最后，本书采用截面数据验证研究假设不涉及动态面板偏差。此外，测量时考虑到时间因素的影响，两次数据收集要求被试根据 2017~2020 年开展跨界转型活动的实际情况，分次报告解释变量与被解释变量，从而在一定程度上控制了由时间效应引起的内生性问题。

为进一步排查内生性问题，在假设检验之前，使用 DWH 方法对内生性进行事后检验。首先，以调节变量环境动荡性（ET）为被解释变量，以解释变量市场导向（MO）、技术导向（TO）、创业导向（EO）和其他控制变量为解释变量进行回归分析，得到并保存环境动荡性的残差；其次，以跨界转型经济绩效与适应性绩效为被解释变量，对控制变量、解释变量、调节变量和其残差进行回归。结果显示，调节变量残差的系数（$\beta = -0.097$，$p > 0.1$；$\beta = 0.019$，$p > 0.1$）不显著，证实研究的变量选择未造成严重的内生性问题。

4.4 数据结果与发现

4.4.1 直接效应检验

如表 4 - 8 所示，直接效应模型拟合良好（$\chi^2/df = 1.736$，$CFI = 0.945$，$TLI = 0.936$，$RMSEA = 0.049$，$SRMR = 0.054$）。市场导向、技术导向、创业导向对制造企业跨界转型经济绩效的影响均显著正相关（$\beta = 0.281$，$p < 0.01$；$\beta = 0.244$，$p < 0.01$；$\beta = 0.114$，$p < 0.05$），但是，战略导向中只有市场导向、技术导向与制造企业的适应性绩效显著正相关（$\beta = 0.282$，$p < 0.01$；$\beta = 0.177$，$p < 0.01$）。可见，假设 H1 - 4 不成立，假设 H1 的其他推论得到验证。说明制造企业战略导向的强弱与其跨界转型结果直接相关，特别是制造企业一切围绕市场和对新技术报以的开放态度都对制造企业适应环境变化跨越传统产业边界，从事产品服务系统提供了战略驱动力。事实上，战略导向的价值就在于其影响了制造企业的资源承诺与注意力方向。但是，研究没有发现支持创业导向越高越有利于制造企业跨界转型适应性绩效提升的证据，可能的原因是制造企业对于变革的包容性态度虽然有利于驱动制造企业不畏惧变化勇于突破，但是并不能决定企业对于强于竞争对手的适应性优势的获取。或者说，与紧密围绕市场需求敏捷且高效地快速响应市场，以及产品、流程、服务中对于新技术的采纳，敢于冒险的精神在给企业创造机会的同时，也给企业带来较高的风险，因此，高创业导向的制造企业并不一定获得高的跨界转型适应性绩效。

表 4 - 8　　　　　　　　直接效应的结构方程检验结果

路径		估计值	标准误	95% 置信区间
自变量 直接效应	$MO \rightarrow FP$	0.281 ***	0.081	[0.129, 0.440]
	$TO \rightarrow FP$	0.244 ***	0.080	[0.104, 0.375]
	$EO \rightarrow FP$	0.114 **	0.046	[0.030, 0.207]
	$MO \rightarrow AP$	0.282 ***	0.086	[0.121, 0.444]

路径		估计值	标准误	95% 置信区间
自变量 直接效应	$TO{\to}AP$	0.177 ***	0.081	[0.028, 0.333]
	$EO{\to}AP$	−0.078	0.046	[−0.173, 0.027]
控制变量	$IN{\to}FP$	0.006	0.019	[−0.025, 0.039]
	$OW{\to}FP$	0.117	0.072	[−0.002, 0.240]
	$SC{\to}FP$	−0.053	0.077	[−0.178, 0.072]
	$YE{\to}FP$	0.088	0.092	[−0.052, 0.248]
	$DI{\to}FP$	0.053	0.050	[−0.053, 0.150]
	$R\&D{\to}FP$	−0.325 ***	0.122	[−0.518, −0.118]
	$SR{\to}FP$	−0.373 ***	0.152	[−0.088, −0.107]
	$SCP{\to}FP$	−0.265 ***	0.142	[−0.611, −0.037]
	$IN{\to}AP$	0.003	0.020	[−0.031, 0.032]
	$OW{\to}AP$	0.011	0.089	[−0.134, 0.159]
	$SC{\to}AP$	−0.018	0.079	[−0.144, 0.114]
	$YE{\to}AP$	0.123	0.096	[−0.066, 0.099]
	$DI{\to}AP$	0.008	0.052	[−0.104, 0.116]
	$R\&D{\to}AP$	−0.189	0.138	[−0.431, 0.025]
	$SR{\to}AP$	−0.311 **	0.175	[−0.588, −0.029]
	$SCP{\to}AP$	−0.141	0.157	[−0.417, 0.104]

注：*、** 和 *** 分别表示 p<0.1，p<0.05，p<0.01；表中系数均为标准化系数。
资料来源：本书整理。

从控制变量看，研发投入占营业收入比重（$R\&D$）、结构刚性（SR）、供应链权利（SCP）与制造企业跨界转型经济绩效显著负相关（β = −0.325，p<0.01；β = −0.373，p<0.01；β = −0.265，p<0.01）。同时，结构刚性（SR）也显著抑制了制造企业跨界转型的适应性绩效（β = −0.311，p<0.05）。说明，一方面，当制造企业的结构缺乏弹性、技术创新投入活跃且在对供应链享有较高控制权时，制造企业跨界转型的意愿会大大下降，或者说，难以调整的正式组织结构，在技术上相对于同类企业的优势，以及上下游厂商对制造企业的过度依赖，都造成了制造企业对维持惯性的青睐。换言之，在不进行跨界转型制造企业仍然可以获得好的经济回报时，制造企业选择跨界转型

的动力会大大下降，可见生存压力对制造企业转型的重要驱动作用。另一方面可能的原因是，跨界转型造成了企业内部动荡以及绩效上的不确定性，相比于转型前企业在市场中所处的优越竞争地位，转型后企业在经济绩效与适应性绩效上的改善不显著。结构刚性越大越说明制造企业克服结构惯性的困难越大，结构惯性过大不利于制造企业从事战略变革，此时制造企业倾向于以较低的企业内部代价来应对环境的变化。所有制形式（OW）、企业规模（SC）、企业成立年限（YE）、行业（IN）、数字化投资（DI）等控制变量均与制造企业跨界转型的经济绩效及适应性绩效无关。跨界转型的经济绩效及适应性绩效与企业人口统计学特征没有显著关联，不存在某种所有制、规模、年限或行业的制造企业获得显著更高经济绩效或适应性绩效的情况。说明跨界转型已经成为具有趋势性的企业共同选择，不存在通过跨界转型的哪些产业的企业比其他产业的企业获利更多的显著差异。

4.4.2　中介效应检验

对中介效应进行 bootstrap 检验，如表 4 – 9 所示，模型拟合良好（$\chi^2/df=$ 1.76，$CFI=0.946$，$TLI=0.938$，$RMSEA=0.054$，$SRMR=0.056$）。中介变量资源构建（RS）、资源捆绑（RB）与资源利用（RL）对因变量跨界转型经济绩效（$\beta=0.321$，$p<0.01$；$\beta=0.240$，$p<0.01$；$\beta=0.230$，$p<0.01$）与适应性绩效（$\beta=0.267$，$p<0.01$；$\beta=0.329$，$p<0.01$；$\beta=0.282$，$p<0.01$）的直接作用均显著为正（95% 置信区间均不包含 0），说明资源构建（RS）、资源捆绑（RB）与资源利用（RL）对制造企业跨界转型取得高的经济绩效与适应性绩效具有显著贡献。可见，假设 H3 的 6 个推论全部被证实。进一步分析发现，加入中介变量后，自变量市场导向（MO）、技术导向（TO）与创业导向（EO）对制造企业跨界转型经济绩效的影响不再显著（$\beta=0.108$，$p>$ 0.1；$\beta=-0.057$，$p>0.1$；$\beta=-0.104$，$p>0.1$），同时，市场导向（MO）、技术导向（TO）对制造企业跨界转型适应性绩效的影响也不再显著（$\beta=$ 0.089，$p>0.1$；$\beta=-0.161$，$p>0.1$；$\beta=-0.091$，$p>0.1$）。说明，中介变量的加入对原有自变量对因变量的影响被中介变量替代，或者说，自变量对因变量的影响完全通过中介变量传导。

表 4 - 9　中介效应的结构方程检验结果

	路径	估计值	标准误	95% 置信区间
主要变量间的直接效应	$MO \rightarrow FP$	0.108	0.080	[- 0.051, 0.257]
	$TO \rightarrow FP$	- 0.057	0.079	[- 0.206, 0.087]
	$EO \rightarrow FP$	0.104	0.044	[0.019, 0.197]
	$RS \rightarrow FP$	0.321 ***	0.084	[0.193, 0.445]
	$RB \rightarrow FP$	0.240 ***	0.092	[0.118, 0.367]
	$RL \rightarrow FP$	0.230 ***	0.093	[0.075, 0.383]
	$MO \rightarrow AP$	0.089	0.078	[- 0.065, 0.239]
	$TO \rightarrow AP$	- 0.161	0.094	[- 0.344, 0.023]
	$EO \rightarrow AP$	- 0.091	0.043	[- 0.180, 0.000]
	$RS \rightarrow AP$	0.267 ***	0.085	[0.113, 0.396]
	$RB \rightarrow AP$	0.329 ***	0.113	[0.162, 0.489]
	$RL \rightarrow AP$	0.282 ***	0.093	[0.137, 0.445]
	$MO \rightarrow RS$	0.238 ***	0.064	[0.130, 0.414]
	$TO \rightarrow RS$	0.440 ***	0.071	[0.306, 0.561]
	$EO \rightarrow RS$	- 0.001	0.041	[- 0.089, 0.084]
	$MO \rightarrow RB$	0.263 ***	0.070	[0.113, 0.395]
	$TO \rightarrow RB$	0.475 ***	0.062	[0.346, 0.600]
	$EO \rightarrow RB$	0.027	0.043	[- 0.076, 0.118]
	$MO \rightarrow RL$	0.173 **	0.075	[0.027, 0.313]
	$TO \rightarrow RL$	0.441 ***	0.085	[0.285, 0.574]
	$EO \rightarrow RL$	- 0.007	0.045	[- 0.101, 0.082]
中介效应	$MO \rightarrow RS \rightarrow FP$	0.078 **	0.032	[0.035, 0.147]
	$MO \rightarrow RB \rightarrow FP$	0.074 **	0.034	[0.027, 0.145]
	$MO \rightarrow RL \rightarrow FP$	0.036 *	0.023	[0.007, 0.088]
	$MO \rightarrow RS \rightarrow AP$	0.064 **	0.031	[0.025, 0.131]
	$MO \rightarrow RB \rightarrow AP$	0.091 **	0.042	[0.036, 0.177]
	$MO \rightarrow RL \rightarrow AP$	0.046 *	0.025	[0.013, 0.101]
	$TO \rightarrow RS \rightarrow FP$	0.144 ***	0.041	[0.054, 0.197]
	$TO \rightarrow RB \rightarrow FP$	0.134 ***	0.043	[0.092, 0.268]
	$TO \rightarrow RL \rightarrow FP$	0.091 *	0.049	[0.050, 0.220]

路径		估计值	标准误	95%置信区间
中介效应	$TO \rightarrow RS \rightarrow AP$	0.118***	0.043	[0.049, 0.173]
	$TO \rightarrow RB \rightarrow AP$	0.165***	0.052	[0.073, 0.229]
	$TO \rightarrow RL \rightarrow AP$	0.116**	0.050	[0.041, 0.189]
	$EO \rightarrow RS \rightarrow FP$	0.000	0.018	[-0.031, 0.028]
	$EO \rightarrow RB \rightarrow FP$	0.008	0.017	[-0.019, 0.037]
	$EO \rightarrow RL \rightarrow FP$	-0.001	0.012	[-0.019, 0.014]
	$EO \rightarrow RS \rightarrow AP$	0.000	0.015	[-0.027, 0.024]
	$EO \rightarrow RB \rightarrow AP$	0.010	0.021	[-0.021, 0.049]
	$EO \rightarrow RL \rightarrow AP$	-0.002	0.015	[-0.029, 0.021]
总中介效应	$MO \rightarrow RS/RB/RL \rightarrow FP$	0.188***	0.060	[0.111, 0.318]
	$MO \rightarrow RS/RB/RL \rightarrow AP$	0.201***	0.062	[0.094, 0.274]
	$TO \rightarrow RS/RB/RL \rightarrow FP$	0.370***	0.059	[0.285, 0.533]
	$TO \rightarrow RS/RB/RL \rightarrow AP$	0.400***	0.076	[0.235, 0.469]
	$EO \rightarrow RS/RB/RL \rightarrow FP$	0.006	0.033	[-0.049, 0.060]
	$EO \rightarrow RS/RB/RL \rightarrow AP$	0.007	0.037	[-0.049, 0.072]
总效应	$MO（\rightarrow \cdots）\rightarrow FP$	0.258***	0.082	[0.126, 0.389]
	$MO（\rightarrow \cdots）\rightarrow AP$	0.256***	0.086	[0.122, 0.400]
	$TO（\rightarrow \cdots）\rightarrow FP$	0.271***	0.083	[0.135, 0.409]
	$TO（\rightarrow \cdots）\rightarrow AP$	0.196**	0.083	[0.065, 0.331]
	$EO（\rightarrow \cdots）\rightarrow FP$	0.083*	0.048	[0.008, 0.163]
	$EO（\rightarrow \cdots）\rightarrow AP$	-0.070	0.047	[-0.144, 0.012]

注：*、**和***分别表示 $p < 0.1$，$p < 0.05$，$p < 0.01$；表中系数均为标准化系数；控制变量予以省略。

资料来源：本书整理。

如表 4-9 所示，市场导向（MO）、技术导向（TO）与创业导向（EO）对资源构建（RS）、资源捆绑（RB）与资源利用（RL）的直接效应大多通过了假设检验。与研究假设相悖，研究没有发现创业导向对制造企业资源构建（RS）、资源捆绑（RB）与资源利用（RL）的直接影响。可能的原因是，与市场导向（MO）、技术导向（TO）相比，创业导向（EO）对资源构建（RS）、资源捆绑（RB）与资源利用（RL）的影响相对间接，由于创业导向（EO）并没有明确的资源投入、能力构建与能力使用的要求，或者说，虽然创业导向指导制造企业向更为冒险、探索和接受变革的方面发展，却没有给出明确的资源使用取向，因此对制造企业资源管理活动的直接影响不显著。另一个可能的原因是，创业导向（EO）更多地指向于资源的灵活、巧妙、拼凑式使用，而不是整合资源发展能力，特别是当数据收集期相对较短的情况下。一般的，随着实践的发展与时间的推移，制造企业需要发展新的能力来满足新业务开创的需要，但是，受限于数据收集期较短（2017～2020 年），存在创业导向对企业资源整合与能力发展的影响尚未显现的可能。可见，假设 H2 中，除了假设 H2 - 1、H2 - 4、H2 - 7 未被证实外，其余 6 个假设均通过了检验。

　　进一步检验各条路径上的中介效应，由表 4 - 9 可知，资源构建（RS）、资源捆绑（RB）与资源利用（RL）对市场导向（MO）、技术导向（TO）与跨界转型经济绩效（FP）、适应性绩效（AP）的总中介效应与各条路径中介效应均显著，即假设 H4 - 1、H4 - 4、H4 - 7、H4 - 10、H4 - 13、H4 - 16 未被验证，假设 H4 的其余推论均被证实。说明，资源构建（RS）、资源捆绑（RB）与资源利用（RL）未对创业导向（EO）形成中介效应，但是，却对市场导向（MO）、技术导向（TO）完成了作用传递。事实上，由于创业导向（EO）对适应性绩效（AP）的直接作用不显著，已经不需要再验证资源构建（RS）、资源捆绑（RB）与资源利用（RL）对二者的中介效应，因为，中介效应存在的重要前提就是自变量对因变量存在显著性影响。研究出于对模型完整性的考虑，进行了全模型中介效应的检验。横向比较资源构建（RS）、资源捆绑（RB）与资源利用（RL）在市场导向（MO）、技术导向（TO）与跨界转型经济绩效（FP）、适应性绩效（AP）间的总中介效应可以发现，技术导向（TO）更多依赖于制造企业的资源管理活动予以实现。这是因为，技术本就属于资源的范畴，制造企业针对新技术的任何实践都直接关系到组织的资源管理活动，相比而言，市场导向（MO）对制造企业跨界转型的驱动除了资源整合、能力发展外，需要更多的结构创新来匹配企业的战略导向。

4.4.3 调节效应检验

模型中调节变量调整全模型，因此采用以调节变量确定分组，并就直接效应与间接效应进行跨组检验，来检验环境动荡性对全模型的调节。基于此，根据环境动荡性得分将样本划分为环境动荡性高组（N = 147，主要指所处政策监管、市场需求、产业竞争、产业技术发展变化剧烈或不可预期程度高的样本企业）和环境动荡性低组（N = 158，主要是指所处政策监管、市场需求、产业竞争、产业技术发展变化或不可预期程度相对较低的样本企业），以探究环境动荡性是否影响战略导向通过资源协奏影响制造企业跨界转型经济绩效与适应性绩效的过程。基准模型拟合情况在可接受的范围内（$\chi^2/df = 1.794$，$CFI = 0.859$，$TLI = 0.839$，$RMSEA = 0.095$，$SRMR = 0.079$；$\chi^2/df = 1.727$，$CFI = 0.817$，$TLI = 0.808$，$RMSEA = 0.107$，$SRMR = 0.093$），显然，受样本数量大幅减少的影响，两个基准模型的 CFI、TLI 等拟合指标出现明显下降，但是两个基准模型的 χ^2/df、$RMSEA$、$SRMR$ 指标值较好。样本说明和跨组检验结果如表 4 - 10 所示。

表 4 - 10　　　　　　　　　　　环境动荡性差异的跨组检验

基准模型	χ^2/df	$RMSEA$	$SRMR$	CFI	TLI
环境动荡性高样本组（N = 147）	1.794	0.095	0.079	0.859	0.839
环境动荡性低样本组（N = 158）	1.727	0.107	0.093	0.817	0.808
跨组 Wald 检验	χ^2		df		sig
直接效应	28.688		16		0.081
间接效应	26.251		24		0.341

资料来源：本书整理。

组间直接效应差异显著（$\chi^2 = 28.688$，$df = 16$，$p < 0.1$），直接效应的跨组不变性不被接受。具体而言（如表 4 - 11 所示），环境动荡性的增加显著改变了战略导向对资源协奏的直接影响，在环境动荡性高的样本组，战略导向对资源协奏的促进作用更强，说明市场、技术、政策与竞争环境不可预期性地增强了制造企业以资源协奏的资源管理措施来实现企业战略意图的动机，特别是制造企业对响应市场变化与新技术采用的战略倾向性在环境动荡性较高条件下会更显著地推动制造企业的资源构建、资源捆绑与资源利用。换言之，环境动

荡性较高条件下制造企业面对更大环境适应压力，因此会更加积极地实施能力构建活动，以提高企业对变动了的环境的响应。同时，在中间变量存在的条件下，战略导向对制造企业跨界转型经济绩效的直接影响也存在显著差别，在环境动荡性较高条件下，制造企业虽然会更积极地推动新运营能力的构建与利用，但是该路径会完全被资源协奏中介。而在环境动荡性较低的样本组，战略导向对资源协奏的驱动作用略低，所以在有中介变量进入方程的条件下，战略导向对制造企业跨界转型经济绩效的部分影响被保留。除此之外，战略导向到制造企业跨界转型适应性绩效的直接效应以及资源协奏到制造企业跨界转型绩效的直接作用都没有显著差异，说明环境动荡性的提高并未引起资源协奏对制造企业跨界转型绩效的显著性差异影响，环境动荡性的提高也没有改变不同战略导向对制造企业跨界转型适应性绩效的直接影响。总体上，环境动荡性的变化显著改变了战略导向对制造企业跨界转型经济绩效的直接效应；同时，战略导向对资源协奏的直接效应也因环境动荡性的差异而表现出显著性水平的不同。所以，假设 H5 - 1、H5 - 2 得到部分支持，假设 H5 - 3 没有被验证。

表 4 - 11　　　　　　　　　　　　　组间直接效应差异

路径		环境动荡性高样本组	环境动荡性低样本组
主要变量间的直接效应	$MO{\to}FP$	0.092	0.153 **
	$TO{\to}FP$	0.043	0.198 **
	$EO{\to}FP$	0.034	0.245 ***
	$RS{\to}FP$	0.316 ***	0.273 ***
	$RB{\to}FP$	0.247 **	0.355 ***
	$RL{\to}FP$	0.316 ***	0.332 ***
	$MO{\to}AP$	0.119	- 0.014
	$TO{\to}AP$	- 0.172	- 0.131
	$EO{\to}AP$	- 0.073	0.036
	$RS{\to}AP$	0.290 ***	0.339 ***
	$RB{\to}AP$	0.318 ***	0.373 ***
	$RL{\to}AP$	0.293 ***	0.218 ***
	$MO{\to}RS$	0.379 ***	0.239 ***
	$TO{\to}RS$	0.145 *	0.221 **

续表

路径		环境动荡性高样本组	环境动荡性低样本组
主要变量间的 直接效应	$EO \rightarrow RS$	0.097	0.012
	$MO \rightarrow RB$	0.259 ***	0.123 *
	$TO \rightarrow RB$	0.301 ***	0.426 ***
	$EO \rightarrow RB$	0.093	0.051
	$MO \rightarrow RL$	0.103 *	0.197 **
	$TO \rightarrow RL$	0.449 ***	0.301 ***
	$EO \rightarrow RL$	0.059	0.023
拟合指标	χ^2/df	1.793	
	CFI	0.904	
	TLI	0.897	
	$RMSEA$	0.072	
	$SRMR$	0.074	

注：* 、 ** 、 *** 分别表示 $p < 0.1$ ， $p < 0.05$ ， $p < 0.01$ ；表中系数均为标准化系数。
资料来源：本书整理。

组间间接效应具有跨组不变性（ $\chi^2 = 26.251$ ， $df = 24$ ， $p > 0.1$ ），即分别通过资源构建（ RS ）、资源捆绑（ RB ）和资源利用（ RL ）的各条中介路径系数乘积差异不显著，虽然数值上有不同但是未能通过显著性检验，说明资源协奏的中介作用没有因为环境动荡性的改变而发生显著变化。换言之，虽然理论上环境动荡性会影响制造企业调整战略导向通过推进资源协奏达成更高跨界转型绩效的结果，但是，研究却没有证明随着环境动荡性的提高制造企业为了响应环境变化更多地通过增强资源协奏来驱动跨界转型的高绩效。这就意味着，虽然环境动荡性调节了战略导向与跨界转型绩效之间的直接关系，但是却没有使资源协奏的中介作用发生显著改变，有调节的中介作用未被证实，假设H5-4没有被验证。

可能的原因是，被调查企业已经从事跨界转型历时三年及以上，作为持续性过程的跨界转型，其绩效更多取决于企业内部资源能力与企业战略目标的匹配，企业对外部动荡环境中所蕴藏的发展机会的识别以及行业竞争压力的感知更多地影响企业跨界转型的启动，而不是后续绩效。再有，由于制造企业以跨界转型推进高质量发展在实践界已然成为趋势，而不是先进企业的个别实践，因此，市场环境、用户需求环境、政策环境及技术环境的不可预期性大大下降，环境选择的结果是制造企业组织模式的趋同，即选择跨越传统产业边界向服务业、数字产业跨界完成服务化、数字化或者数字服务化转型已经是当前制造企业的共同选择。所以，环境动荡性的样本均值较低，环境动荡性对制造企业跨界转型的影响表现为环境选择下的组织趋同，这与我国制造企业高质量发展的现实相符。同时，根据适应性理论，企业适应环境变化将产生能力演化的适应性调整，研究结果恰恰为此理论观点提供了现实证据。样本企业通过动态能力的改变来响应环境变化，环境变化越剧烈越刺激企业积极调整自己的动态能力进而生成指向更高环境适应性低阶运营能力，因为，低阶运营能力总是随着动态能力的改变而发生改变，资源捆绑的目的就是生成新的指向新用户价值主张的运营能力。

4.4.4　研究发现

研究假设被验证的情况如表 4 - 12 所示，主要研究发现包括以下四点：

第一，创业导向对于制造企业跨界转型的驱动作用较弱，远不及市场导向、技术导向等战略导向对制造企业跨界转型绩效的促进作用。相比于创业导向，市场导向与技术导向更加聚焦具体问题，不论是对市场需求、同业企业竞争行为的识别，还是针对新技术的采纳与应用，市场导向与技术导向具有更明确的资源使用导向，因此其对跨界转型绩效的影响更直接也更显著。但是，创业导向更多描述了企业接受变化承担风险的价值观导向，其资源使用导向的作用相对更弱。同时，样本企业的跨界转型还未发展到提供复杂整合解决方案的阶段，所以，创业导向对以内部创业生态系统为基础的第二阶段的跨界转型的战略先导作用尚未显现，需要等待持续推进的企业跨界转型实践来加以验证。

第二，资源构建、资源捆绑与资源利用的资源协奏流程的适应性改变是制造企业适应环境变化构建指向新用户价值主张所需新能力的关键。制造企业适应外部环境变化形成新的运营能力的前提是动态能力的改变，因为运营能力总是根据动态能力的改变而改变。资源构建是制造企业响应环境变化吸收资源、整合资源的资源管理流程，资源捆绑的目的是生成新的指向新价值主张的能力，资源利用则是根据环境与战略合理配置、使用能力的资源管理流程。制造企业市场导向与技术导向对财务绩效与适应性绩效的影响主要通过资源协奏的传导。

第三，环境动荡性正向调节战略导向对资源协奏的直接影响，却没有改变资源协奏在战略导向与跨界转型绩效间的中介作用。在我国制造企业大举实施转型升级推进高质量发展的现今，制造企业面对的环境动荡性已大大弱化，行业竞争环境、技术环境、政策环境与用户需求环境无一例外地朝向有利于制造企业跨界转型的方向上变化，环境变化不可预期性地降低让跨界转型成为制造企业的共同选择。调查显示，不同产业、不同地区的被调查企业所面对的由市场、技术、政府和竞争所构成的外部环境呈现一定的一致性，也就是，各地区各产业均呈现出支持制造企业跨界服务业、数字产业向服务化、数字化或数字服务化转型的特性，这归功于近年来产业界与政府部门就制造产业高质量发展具体实现方式越来越清晰地认识与身体力行。环境动荡性减弱条件下，制造企业跨界转型绩效更多由企业内部资源能力与其战略的匹配性决定。企业能力的演化是企业适应环境变化的结果，相同模式下企业跨界绩效的高低却不受外部环境动荡性的调节，环境变化选择了趋同的企业模式，相同模式下制造企业转型绩效因企业能力等内部因素的不同而不同。

第四，当制造企业的结构缺乏弹性、技术创新投入活跃且在对供应链享有较高控制权时，制造企业跨界转型的意愿会大大下降，或者说，难以调整的正式组织结构，在技术上相对于同类企业的优势，以及上下游厂商对制造企业的过度依赖，都造成了制造企业对维持惯性的青睐。同时，样本企业的数字化投入对制造企业跨界转型的积极影响未被证实，即制造企业的数字化投资与制造企业跨界转型的经济绩效及适应性绩效无显著关联。可能的原因是，大量样本企业仍处在数字化变革初期，业务流程数字化虽然能够起到提高效率、降低成本的作用，但是，在数据尚未成为制造企业经济决策驱动因素的条件下，数字化的投入不能转化为新的服务创新机会，只有在制造企业进入到数字化转型成熟阶段，企业具备了大数据分析能力，形成了基于数据的决策流程，数字化投资对制造企业跨界绩效提升的贡献才是显著的。此外，跨界转型的经济绩效及适应性绩效与企业人口统计学特征没有显著关联，不存在某种所有制、规模、年限或行业的制造企业获得显著更高经济绩效或适应性绩效的情况。说明跨界转型已经成为具有趋势性的企业共同选择，不存在通过跨界转型的哪些产业的企业比其他产业的企业获利更多的显著差异。

表 4 – 12　　　　　　　　　　　研究假设验证情况

研究假设	验证情况
H1 – 1：制造企业的创业导向对其跨界转型经济绩效具有正向影响	支持
H1 – 2：制造企业的市场导向对其跨界转型经济绩效具有正向影响	支持
H1 – 3：制造企业的技术导向对其跨界转型经济绩效具有正向影响	支持
H1 – 4：制造企业的创业导向对其跨界转型适应性绩效具有正向影响	不支持
H1 – 5：制造企业的市场导向对其跨界转型适应性绩效具有正向影响	支持
H1 – 6：制造企业的技术导向对其跨界转型适应性绩效具有正向影响	支持
H2 – 1：制造企业的创业导向对资源构建具有正向影响	不支持
H2 – 2：制造企业的市场导向对资源构建具有正向影响	支持
H2 – 3：制造企业的技术导向对资源构建具有正向影响	支持
H2 – 4：制造企业的创业导向对资源捆绑具有正向影响	不支持
H2 – 5：制造企业的市场导向对资源捆绑具有正向影响	支持
H2 – 6：制造企业的技术导向对资源捆绑具有正向影响	支持
H2 – 7：制造企业的创业导向对资源利用具有正向影响	不支持
H2 – 8：制造企业的市场导向对资源利用具有正向影响	支持
H2 – 9：制造企业的技术导向对资源利用具有正向影响	支持
H3 – 1：资源构建正向影响制造企业跨界转型经济绩效	支持
H3 – 2：资源捆绑正向影响制造企业跨界转型经济绩效	支持
H3 – 3：资源利用正向影响制造企业跨界转型经济绩效	支持
H3 – 4：资源构建正向影响制造企业跨界转型适应性绩效	支持
H3 – 5：资源捆绑正向影响制造企业跨界转型适应性绩效	支持
H3 – 6：资源利用正向影响制造企业跨界转型适应性绩效	支持
H4 – 1：创业导向通过资源构建正向影响制造企业跨界转型经济绩效	不支持
H4 – 2：市场导向通过资源构建正向影响制造企业跨界转型经济绩效	支持
H4 – 3：技术导向通过资源构建正向影响制造企业跨界转型经济绩效	支持
H4 – 4：创业导向通过资源捆绑正向影响制造企业跨界转型经济绩效	不支持
H4 – 5：市场导向通过资源捆绑正向影响制造企业跨界转型经济绩效	支持
H4 – 6：技术导向通过资源捆绑正向影响制造企业跨界转型经济绩效	支持
H4 – 7：创业导向通过资源利用正向影响制造企业跨界转型经济绩效	不支持
H4 – 8：市场导向通过资源利用正向影响制造企业跨界转型经济绩效	支持
H4 – 9：技术导向通过资源利用正向影响制造企业跨界转型经济绩效	支持

续表

研究假设	验证情况
H4－10：创业导向通过资源构建正向影响制造企业跨界转型适应性绩效	不支持
H4－11：市场导向通过资源构建正向影响制造企业跨界转型适应性绩效	支持
H4－12：技术导向通过资源构建正向影响制造企业跨界转型适应性绩效	支持
H4－13：创业导向通过资源捆绑正向影响制造企业跨界转型适应性绩效	不支持
H4－14：市场导向通过资源捆绑正向影响制造企业跨界转型适应性绩效	支持
H4－15：技术导向通过资源捆绑正向影响制造企业跨界转型适应性绩效	支持
H4－16：创业导向通过资源利用正向影响制造企业跨界转型适应性绩效	不支持
H4－17：市场导向通过资源利用正向影响制造企业跨界转型适应性绩效	支持
H4－18：技术导向通过资源利用正向影响制造企业跨界转型适应性绩效	支持
H5－1：环境动荡性正向调节创业导向、市场导向与技术导向对制造企业跨界转型经济绩效与适应性绩效的影响	部分支持
H5－2：环境动荡性正向调节创业导向、市场导向与技术导向对资源构建、资源捆绑与资源利用的影响	部分支持
H5－3：环境动荡性正向调节资源构建、资源捆绑与资源利用对制造企业跨界转型经济绩效与适应性绩效的影响	不支持
H5－4：环境动荡性正向调节资源构建、资源捆绑与资源利用在创业导向、市场导向与技术导向与制造企业跨界转型经济绩效与适应性绩效间的中介作用	不支持

资料来源：本书整理。

4.5　小　结

以问卷调查数据验证影响网络时代制造企业跨界转型的内外部因素的作用，为机制分析得出的理论框架提供经验证据。研究发现，市场导向与技术导向通过资源构建、资源捆绑与资源利用对制造企业跨界转型经济绩效与适应性绩效产生直接与间接影响，但是创业导向对制造企业跨界转型经济绩效与适应性绩效的直接与间接影响大多不显著，即制造企业接受变化承担风险的倾向对其资源使用方向的驱动作用较弱，也不产生有利于企业跨界转型经济绩效和适应性绩效提升的结果。市场导向与技术导向通过资源构建、资源捆绑与资源利用对制造企业跨界转型经济绩效与适应性绩效产生的直接与间接正向影响。环境变化不可预期性地下降，使跨界转型成为绝大多数制造企业的共同选择，即环境变化造成了企业模式的趋同。跨界转型绩效的高低更多取决于企业内部的资源管理效力，而不是外部动荡环境所赋予的企业机遇。环境动荡性正向调节战略导向对资源协奏的正向影响，但是资源协奏的中介作用却不因环境动荡性的改变而改变，资源协奏的中介作用是稳定的，但是环境动荡性较高条件下更显著的资源协奏中介作用未被证实。

第 **5** 章
网络时代制造企业跨界转型的路径选择

制造企业跨界转型的路径选择取决于制造企业当前的跨界转型位置、状态与预期目标。当前的位置、状态与预期目标间的差距越大，制造企业需要克服的阻碍越高，相反则较容易达到。根据制造企业跨界转型的模式、发展阶段以及所在产业的技术特性差异，制造企业可以选择不同的路径达成跨界转型的目标，不同路径下制造企业需完成的关键任务并不相同。本章旨在从跨界转型模式、跨界转型阶段、产业技术特性、产业生命周期四个层面分析制造企业跨界转型的路径选择，说明制造企业跨界转型在进行路径选择时需要全面考虑模式、阶段与产业特征，在企业能力可塑的前提下，跨界模式、跨界阶段与产业特征都是制造企业寻找跨界路径的重要依据。不同条件下制造企业跨界转型的路径不同，制造企业需根据具体情景对路径进行科学决策。

5.1 模式差异与制造企业跨界转型路径选择

制造企业跨界服务业或数字产业是制造企业跨界转型的主要模式，制造企业跨界服务业并不必须伴以数字化投入，制造企业跨界服务业即使没有数字技术支撑同样可以实现。但是，数字技术的应用确实改变了制造企业跨界服务业的效率与效果。数字流程的成本节约、效率提升效应将大大改进制造企业跨界服务业的经济回报，关键的是数字资产的积累为制造企业跨界服务业提供了可能的机会，即数字资产改变了制造企业的决策模式与决策效率。当然，机会是隐藏在庞杂数字信息中的，要发掘数据中的商业机会需要制造企业具有大数据分析的基本能力。基于以上分析，本节将分别从"制造＋服务"模式与"制造 + 服务 + 数据"模式入手剖析制造企业跨界转型的路径选择。

5.1.1　"制造 + 服务"的跨界转型路径模型

制造企业跨越产业边界进行转型升级的基本准则是以用户需求为导向，为用户提供新的价值主张，并从新价值主张提供活动中获得新的收入来源。大量文献指出，根据服务的特征，制造企业跨界服务业所提供的服务可分为无服务（no services）、产品导向的服务（product oriented service）、使用导向的服务（use oriented service）与结果导向的服务（result oriented service）四种类型。其中，无服务状态下的制造企业是纯产品提供商（pure product supplier），即制造厂商专注于制造环节（OEM），不从事制造环节以外的价值链环节。提供产品导向的服务时，制造厂商转变为附加值供应商（value added supplier），制造厂商所从事的价值链环节从"微笑"曲线的最底端向微笑曲线的两端迈进，设计、品牌、营销等环节囊括到制造厂商的价值链中（ODM、OBM）。因此，从纯产品提供商向附加值提供商的转型过程是制造企业价值链重构的过程。当制造企业提供使用导向的服务时，由于用户并不需要取得产品的所有权，用户只为产品的使用付费，因此，全服务提供商（full services provider）与附加价值供应商相比，价值链环节没有显著的改变，但是制造厂商的盈利模式却发生了根本性的改变。制造厂商不是以销售产品为收入来源，而是以租赁产品为其主要的收入来源，用户根据使用产品的时间或数量进行付费。制造企业提供使用导向的服务需要定制的产品作为服务的载体，用户需要通过租赁来获得产品的使用权，产品使用过程中发生的任何损毁、故障都需要用户支付额外的费用来维持产品的正常运行。结果导向的服务强调用户是为特定的结果或享受到的服务付费，用户不是为产品使用权付费而是为享受到的服务付费，或者说用户购买的是制造厂商所提供的托管服务（managed services）。与使用导向的服务的区别在于，制造厂商作为整合解决方案提供商（integrated solutions provider）将无偿提供产品的维护、监测、更新等一系列服务，用户无须对此支付额外的费用，这种转变不仅是盈利模式的变化更是整个商业模式的变化。

如图 5 - 1 所示，制造企业当前所处位置的不同决定了其跨界服务业的路径大相径庭。从价值链重构到商业模式创新，不同层级的跨界转型需要完成的关键任务也不同。

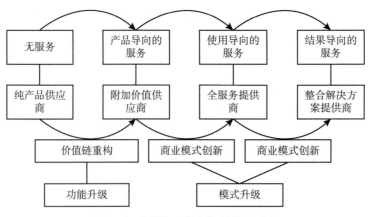

图 5 - 1 "制造 + 服务" 的跨界路径

资料来源：本书整理。

第一，从纯产品提供商向附加值提供商转型的功能升级（functional upgrading）路径。功能升级是指制造企业从 OEM 向 ODM、OBM 转型（Manzakoğlu et al.，2018），功能升级的本质是制造企业价值链环节多寡的改变，从 OEM 仅从事生产环节，到 ODM 将价值链中的设计等售前服务环节纳入企业价值链，再到 OBM 制造企业将营销、维护、更新等售后服务环节整合到价值链中。功能升级路径是制造企业沿微笑曲线从最低端向两侧高端过渡的过程。制造企业所提供的所有服务都是围绕产品，起到支持产品功能的售前售后增值服务，这些增值服务的价值在于提高了用户使用产品时获得的满足程度，或者说，提高了产品使用时带给用户的质量感受。通常，制造厂商以额外"服务包"的形式向用户发起购买。单独的服务合同可以使制造商获得额外的收入，并常常产生提高客户保留率的市场绩效。制造厂商可以提供的额外服务包括，定制化设计（customized service）、物流、产品安装、备用配件、更新与升级、翻新、清洁、回收、检测与诊断、延长保修与维护等。此时，制造厂商依然侧重于对生产产品的硬件生产能力的投资，投资服务生产能力的目的是提高产品的用户体验。

不同的增值服务要求不同的价值链重构条件。例如，远程检测与诊断服务需要制造企业进行针对性的产品创新。制造企业需要使用新的数字技术对产品进行革新，通过嵌入在新产品中的数字传感器收集设备运行数据，并对设备运行状态进行监测，在设备出现故障前进行设备维护与更新，从而降低设备故障对用户造成的损失。可见，功能升级路径的可行性取决于制造企业是否具备从事不同功能业务所需要的资源与能力，以及组织结构的深度变革。

　　第二，从附加价值提供商向全服务提供商、整合解决方案提供商转型的跨产业的模式升级（inter-sectoral business model upgrading）路径。跨产业升级（inter-sectoral upgrading）路径是制造企业横向迁移到新的产品或服务的生产活动（productive activities）中（Humphrey et al.，2002），跨产业模式升级的本质是制造企业发现新的服务机会，进入产品附加服务以外的服务领域的升级模式。制造企业完成价值链的全面重构后成长为附加价值提供商，在不需要对价值链环节进行重构的条件下，制造企业可以通过商业模式创新完成向全服务提供商的转型。制造厂商所提供的服务从提高产品功能的附加价值服务拓展到使用导向的服务，通常制造企业还同时提供各种配套服务以确保用户的无障碍使用（hassle-free）。用户根据设备使用的时间或数量付费，例如小时、打印页数、扫描页数、行驶里程等。制造厂商将产品有关的硬技能（hard skills）与服务有关的软技能（soft skills）进行了很好的整合，以满足用户对产品与服务的一体化需求。更进一步地，作为整合解决方案提供商，制造企业向用户除了提供从设计到产品运行监测、维护、更新等一整套服务外，还提供咨询、性能保证和生命周期管理等更高附加值的服务。此时，用户完全不需要考虑产品的日常运行维护与升级更新，用户购买的是服务本身，而不是作为服务载体的产品。以德国喜利得（Hilti）公司为例[①]，该公司自 1941 年以来一直在制造和销售测量、紧固、电工工具等方面的建筑工具。喜利得公司的机队管家服务（fleet management）是针对节约用户成本、提升用户效率、缓解用户资金挤占的工具管理全方位服务。具体而言，喜利得为用户提供了定制化的工具服务，用户只需要缴纳固定金额的服务费，就可以节省建筑工具采购、维修、保养和管理的时间成本与资金成本。喜利得根据用户的工具使用场景配给用户最合适的工具包（机队），通过物联网传感器跟踪工具的使用情况，在分析顾客库存与工具包使用情况的基础上，及时调整替换工具包中无用、非最佳及损毁的工具。可以发现，结果导向的服务能够按照市场原则进行交易的前提是服务的提供满足双赢原则，制造企业可以获得更多的收入，用户则可以节约成本、提高效率。

　　相比于制造企业向全服务提供商的转变，制造企业向整合解决方案提供商

---

　　① 资料来源：喜得利公司官网，https：//www.hilti.cn/content/hilti/A1/CN/zh/services/tool‐services/fleet‐management.html.

转型，不仅要实施新的价值获取模式，价值主张、价值创造、价值传递等商业模式的重要组成要素都相应发生改变。由于制造厂商转变为服务提供商，其所提供的所有产品与服务均围绕其价值主张展开。价值创造比其他模式更强调用户、供应商及其他参与者的共创，制造企业与价值共创参与者之间的共生互惠关系更突出，制造企业与价值共创参与者构成服务生态系统，由整个生态系统围绕用户来创造价值。价值传递转变为在用户享受服务中将制造企业的价值主张转化为用户可感知的用户价值。此时，制造企业往往可以将制造环节外包，与 OB – OEM 类似，制造厂商自行研发产品和服务规格及生产流程，但是会将生产外包给 OEM 厂商。换言之，整合解决方案提供商最终走向了轻资产模式，也就是，整合解决方案提供商聚焦于用户价值提供的商业能力，而不是生产能力。

总之，功能升级路径与跨产业的模式升级路径都是以制造企业的资源构建与配置为核心，或构建或剥离，制造企业总是通过资源管理活动来实现业务板块的调整与业务能力的生成。两个路径的差异在于，资源管理活动的目标导向存在差异，功能升级以价值链重构为核心任务，跨产业的模式升级路径则以商业模式创新为核心任务。

5.1.2 "制造 + 服务 + 数字"的跨界转型路径模型

制造企业跨界服务业并不必然与数字技术应用有关，但是，数字技术应用却可以起到改善产品服务系统效率与发现新服务开发机会的作用，或者说，数据技术的应用为制造企业跨界服务业创造了成本节约、效率提升、发现新收入来源的机会，数字化被视为促进服务化的有效手段（Paschou et al.，2020）。本质上制造企业跨界服务业的路径依然是功能升级与跨产业的模式升级，但是在数字技术应用的条件下，功能升级与跨产业的模式升级路径均被数字赋能形成了数据驱动的功能升级与跨产业的模式升级。数字技术应用会因为信息沟通链路的打通以及数字资产的积累产生效率提升与发现新机会两种效应，相对应的，数据驱动的跨界转型路径被区分为数据驱动效率的功能升级与数据驱动新服务的跨产业的模式升级两条路径，如图 5 – 2 所示。虽然两条路径都是被数字赋能的数据驱动下的跨界转型，但是，两条路径所基于的数字基础却不相同。事实上，根据制造企业应用数字技术改造价值链、商业模式的程度，可以按业务流程数字化、价值链数字化、服务生态系统数字化对制造企业数字技术应用的程度进行分类（Matarazzo et al.，2021）。其中，业务流程数字化是企业商业流程（business processes）的数字形式化（digitization），流程数字化解决了制造企业业务流程的信息孤岛问题，流程全线打通后信息流动加快，提高了制造企业的用户响应速度、降低了运营成本，企业运营效率（operational effi-ciencies）得以提升。供应链数字化与服务生态系统数字化（digitalization）是企业与外部供应商、分销商、运输商、仓储商、客户、互补产品提供者等建立的数字链接或数字平台，通过这些数字链路的构建为制造企业识别新的用户需求、匹配定制服务提供了可能。

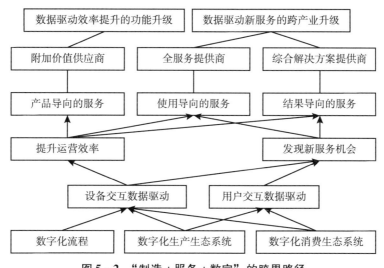

图 5－2 "制造＋服务＋数字"的跨界路径

资料来源：本书整理。

　　第一，数据驱动效率提升的功能升级路径。该路径的物质基础是数字化业务流程的搭建，制造企业全流程的数字化是包括制造流程、研发流程、设计流程、产品服务销售与交付流程等在内的综合业务系统的数字化。业务流程数字化并不必然发生流程再造，可能仅是现有流程与产品服务的数字形式转化。但是，在流程被数字技术改造时流程中存在的质量、效率、成本问题往往会暴露，同时，由于数字技术应用提高了员工工作效率或改变了工作内容，所以，制造企业在实施综合业务流程数字化的过程中常常发生业务流程的优化与再造。一个综合业务流程系统数字化水平高的制造企业，不但流程本身被数字技术改写，其提供的产品与服务也具有显著的数字特征，即数字化产品（digital-products）与数字化服务（digitalservices），如在硬件产品中增加软件程序、传感器等。

数据驱动效率提升的功能升级路径赖于物联网中产生的设备交互数据。大多数制造企业都能从数据驱动的运营效率提升中获益。比如，石油和天然气行业运营的油井、管道和炼油厂需要数十亿美元的投资，如果使用物联网设备和人工智能来寻找储量、维护管道和炼油厂资产，石油和天然气公司可以节省高达 60% 的运营成本。随着工业 4.0 进程的加速，越来越多的制造企业认识到工业互联网对效率提升的价值，越来越多的制造企业建立起覆盖全部业务的物联网系统。特别是，通过对产品增加数字传感器的小小改造，就可以实现设备运营状态的远程监控与诊断，降低设备故障对用户造成的损失。以蒂升（Thyssen Krupp）电梯公司为例①，其作为世界领先的电梯公司之一研发了一款名为 MAX 的电梯监控系统，利用物联网产生的设备交互数据，蒂升为用户提供了更加安全可靠、低成本的电梯维护服务。公司在向用户提供产品导向的服务中，充分使用了数字技术来提升效率、降低成本。公司的做法主要包括两点，一是在每部电梯的电机、电梯门、电梯井等部件上安装了传感器。二是开发了设备交互数据的可视化分析软件。在电梯运行中，安装在电梯部件上的传感器不断收集舱室速度、电机温度等信息，然后，可视化软件的预测分析技术对获得的设备交互数据进行分析，从而评估电梯运行状态，再通过"云"将设备评估信息发送到负责维护的技术人员的终端上，这样负责维护的技术人员可以在第一时间收到设备故障预警，了解电梯运行状态。运用这些远程监控手段，蒂升电梯实现了在设备发生故障前主动开展维护工作，从而减少了电梯停机时间，同时降低了电梯维护的人工成本，减轻了技术人员的无谓劳动。可见，制造企业的流程数字化改造可以大大提升产品导向的服务的提供效率，降低服务提供的成本。所以，大多数制造企业都可以通过流程的数字化改造，提高跨界转型的成功率。

第二，数据驱动新服务的跨产业的模式升级路径。该路径的物质基础是数字化生产生态系统与消费生态系统的搭建，与数据驱动效率提升的功能升级路径不同，该路径依赖于用户交互数据而不是设备交互数据。或者说，该路径导致制造企业跨产业的模式升级的原因是制造企业收集了有关用户使用场景、使用习惯等方面的大数据，这些用户交互数据很好地刻画了用户使用产品的群体与个人行为。值得注意的是，用户并不特指终端消费者，提供中间产品的制造

---

① 资料来源：蒂升电梯（中国）公司官网，https：//www.tkelevator.com.cn/cn－zh/.

厂商所服务的下游厂商也属于用户。与用户交互数据收集有关的数字技术依然是人工智能、云计算、大数据等，但是数据分析的指向却与产品导向的服务提供有所不同，在提供产品导向的服务时所收集的设备交互数据用来发现流程问题改进维护产品功能的服务，但是，数据驱动新服务的跨产业的模式升级则意图通过对用户交互数据的分析发现新的服务机会、产品研发机会。因此，与物联网不同，该路径需要构建起制造企业与用户、与供应商、与分销商、与互补产品提供者等用户价值共创参与者间的数字链接。这就不仅仅是新技术的应用，还需要制造企业具备处理价值共创参与者间矛盾与冲突的能力，由于说服价值共创参与者嵌入制造企业提供的数据平台中，制造企业往往需要花费大量的成本，因此，相对于数据驱动效率提升的功能升级路径，该路径对制造企业数字化投资的要求更高。特别是，当竞争性企业已经存在类似数字平台的情况下，说服价值共创参与者克服转换成本迁移到新的数字平台时，制造企业会遇到非常大的阻碍，甚至会陷入到"IT 生产力悖论"中（IT productivity paradox）（Brynjolfsson，1993）。

生产生态系统（价值链）数据驱动的服务（data-driven services from production ecosystem）是指从事中间产品生产的制造厂商收集生产生态系统（价值链）中的用户交互数据，通过数据分析为发现新的服务提供机会，为企业创造新的收入流，当然，与此相伴的往往是新商业模式的出现。事实上，生产生态系统（价值链）数据驱动的新服务甚至改变了制造企业的用户范围，改变了中间产品制造商在价值链中的位置。通用电气公司的航空公司主要生产飞机发动机，作为全球重要的飞机发动机供应商为波音、空客等大型飞机制造商提供中间产品。波音在发动机上安装了传感器以实时跟踪发动机运行情况，事实上，传感器传回的大量用户交互数据不仅提供了发动机运行状态的信息，更隐含了飞行员的飞行操控习惯与行为。即使是富有经验的飞行员也不能精准判断出应对飞行环境变化最有效的操控方案，无事故飞行不等于节约燃油、低发动机损耗的绿色飞行，通用电气正是从大量积累的用户交互数据中发现了优化燃油效率、延长发动机寿命的新商机。最终，通用电气使用人工智能技术开发出为飞行员提供实时飞行指导的服务，这一服务使民航公司节约了大量燃油成本。通用电气原本仅是客机零部件的供应商，并不直接与民航公司接触，但是，数据驱动的新服务开发却改变了通用电气公司的用户范围，不仅为波音、空客等飞机制造商提供零部件，还为西南航空等民航公司提供飞行员驾驶实时指导服务。在这一过程中，通用电气被支付"基于结果"的服务费，即民航公司向通用电气支付他们从燃料效率中节省下来的部分费用，最终产生双赢的结果。事实上，通用电气基于数据驱动的跨产业的模式升级还不止如此，波音、空客等飞机制造商作为其关键客户，通用电气需要提供发动机的远程监控、诊断与维修等服务，波音、空客等飞机制造商需要的是发动机的安全平稳运行，而并非发动机的所有权。因此，通用电气公司向飞机制造商推出了基于安全飞行里程的综合解决方案，至此，通用电气不再是向飞机制造商销售发动机，而是向飞机制造商提供安全飞行的一体化解决方案服务包，发动机的日常维修保养与更新全权由通用电气负责，飞机制造商只需定期支付服务费即可。通用电气的研发、产品开发、销售和售后服务部门通过数字化连接，实时接收、分析、生成、共享来自数千个离散产品的传感器或物联网数据做出反应。它不仅仅提高了通用电气的运营效率，更重要的是为企业创造了新的收入流。通用电气利用数字技术发现新的服务商机从产品提供商转变为整合解决方案提供商。

消费生态系统数据驱动的服务（data-driven services from consumption eco-system）是指提供最终产品的制造厂商利用数字平台收集到的用户交互数据，通过数据分析发现新的服务机会，通过整合平台上互补产品提供者的资源，共同为用户提供"硬件＋软件"的整合服务解决方案。与生产生态系统（价值链）数据驱动的服务解决方案提供相比，消费生态系统直接链接终端消费者，制造厂商通过对消费者平台数据的分析发现新的服务机会，并通过与平台上的互补产品（服务）或互补功能提供者共同为消费者提供新服务。例如，派乐腾公司（Peloton）是美国一家生产家用自行车健身器的制造厂商，其收入来源之一就是销售健身器本身①。但是，派乐腾却不是一个纯产品供应商，派乐腾在健身器材上安装了传感器，可以记录健身者的运动数据。如果仅是如此，那么派乐腾就与常见的智能化健身器材没有区别。事实上，派乐腾的不同在于，它使用健身自行车传感器收集的数据创建一个虚拟用户社区，这样面对广大最终消费的平台就搭建而成。平台上嵌入了能够与派乐腾形成互补关系的大量第三方用户，这些用户为使用健身器材的消费者提供线上健身直播课，不同的教练开发针对不同消费者运动习惯的直播课，这样建立平台上的众多生态社群就形成了。在双边市场上，人工智能算法发挥着重要作用，人工智能算法通过分析产品与用户的交互数据，将特定用户匹配到合适的教练，这非常类似于滴滴

---

① 资料来源：Peloton 公司官网，https：//www.onepeloton.com/.

利用应用数据匹配乘客和司机。通过这种方式，派乐腾以优质的健身课程内容、顶级的健身教练以及智能硬件科技整合在一起，为用户提供了一整套的家庭健身解决方案，从而使派乐腾区别于一般的纯产品供应商。正是通过智能硬件产品和软件健身直播课程结合在一起的新思路，让派乐腾从竞争激烈的健身器材市场脱颖而出。

可见，不论是中间产品制造商还是最终产品制造商都可以通过应用数字技术改善"产品＋服务"的运营效率，并基于大数据分析发现生产生态系统或消费生态系统中蕴藏的新服务机会为制造企业创造新的收入来源。

5.2 转型阶段差异与制造企业跨界转型路径选择

5.2.1 制造企业跨界转型两阶段模型

根据产品服务系统的复杂性，可以将制造企业跨界转型的进程区分为简单产品服务系统与复杂产品服务系统两个阶段，如图 5 - 3 所示。两个阶段的差异在于，简单产品服务系统中仅包含唯一或少数的产品或服务类别，制造企业能够提供的整合服务解决方案相对简单。复杂产品服务系统则包含数量较多具有用户端范围经济特点的产品或服务类别，可以组成关联程度不一、宽度、深度较高的产品组合，以这些产品组合为载体，制造企业能够为用户提供较为复杂多样的解决方案，制造企业成为可以提供复杂用户价值主张的复杂解决方案

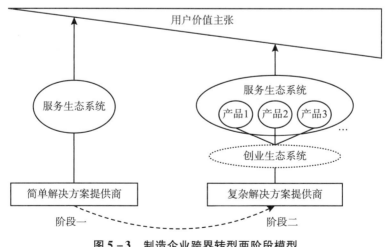

图 5 - 3 制造企业跨界转型两阶段模型

提供商。更一般地，从制造企业跨界程度上看，跨界转型的第一个阶段是制造企业围绕核心产品跨界服务业、数字产业构建以某一核心产品为载体的服务生态系统。跨界转型的第二阶段是围绕用户从用户端的范围经济出发，跨界进入其他制造领域部署产品服务类别，与原有产品服务类别组成复杂的产品服务系统，在企业内部构建起新产品服务不断涌现的创业生态系统。或者说，制造企业跨界转型经历着从"单一产品＋服务＋数字"向"多元化产品＋服务＋数字"的过渡。

企业边界在制造企业跨界转型的过程中发生着纵向边界模糊化和横向边界模糊化的两个阶段。第一阶段中制造企业围绕用户需求，从单一产品出发，以单一产品为载体，提供产品导向的服务、使用导向的服务或结果导向的服务，制造企业不断将与产品服务提供有关的价值共创参与者整合到服务生态系统中。无论是用户、供应商、分销商还是其他价值贡献者都共同参与到用户价值创造的过程中，制造企业的纵向边界越来越模糊，或者说，越来越无法清晰地判断制造企业价值创造的参与者边界。纵向无边界组织意味着制造企业整合了数量庞大的价值共创参与者，也意味着制造企业创造新用户价值时面对存在无限可能的巨大资源池。第二阶段中制造企业围绕用户需求，实施复制战略，将第一阶段中成功的服务生态系统模式在其他产品中进行复刻。制造企业利用用户端的范围经济，跨界进入新的产品或服务领域。即制造企业同时为用户提供产品与服务恰恰降低了用户的使用成本或提高了用户使用效率，为用户解决了价值需求痛点，为企业创造了新的收入源。特别是在数字技术的推动下，借助大数据分析的力量制造企业跨界进入新产品领域变得更加便利。此时，制造企业在不同的产品服务领域中进行跨界，制造企业的横向边界变得越来越模糊。

制造企业跨界转型从第一阶段发展到第二阶段，先后发生了横向边界与纵向边界的模糊化。但是，这并不意味着制造企业跨界转型后企业边界的消失。网络时代制造企业跨界后，在无边界的生态系统中高效整合价值共创者的资源为用户提供新的价值主张成为制造企业主要模式。因此，从服务生态系统的层面上看，制造企业越来越具有"无边界组织"的特征，特别是在数字技术广泛应用的条件下，企业内外部广泛构建的数字链接使制造企业可以在更广泛范围内进行资源搜寻与资源整合活动，制造企业获得了更高的价值共创合作机会。但是，制造企业的每一次价值共创过程却是边界清晰的，价值共创参与者间的责任与资源承诺也是清晰的。生态系统的松散耦合塑造了制造企业价值共创过程的灵活性，特别是，当生态系统中存在大量可替代互补产品供应商时，制造企业受限于关键合作伙伴资源依赖的程度大大减弱，价值共创模式的韧性得到保障。从企业内部创业生态系统的层面看，制造企业围绕用户并通过丰富产品服务类别来增强用户价值，这就使得制造企业比以往具有更加模糊的横向边界，制造企业可能成功进入任何一个与原有用户价值构成互补关系的产品服务类别。但是，事实上，横向边界的扩张对制造企业的挑战远大于纵向边界的模糊化，这是因为横向边界扩张更需要制造企业克服知识阻碍。因此，制造企业横向边界模糊化的程度总是有限度的。

5.2.2　服务生态系统构建：一阶段关键路径

服务生态系统被定义为"由共享的制度安排和建立在服务交换基础上的价值共创而连接起来的资源整合行动者所组成的一个相对自足、自我调节的系统"（Vargo and Lusch，2016）。服务生态系统为用户提供全生命周期的服务，服务生态系统的构建注重的是每个价值共创参与者对用户价值主张的贡献，并不是事件的精确顺序（Josina et al.，2021）。事实上，由于服务生态系统为用户提供的服务是持续的，或者说，是不断更新与拓展的。用户的服务体验不会因一次服务过程的结束而结束，而是随着新产品、新服务的开发而重新开始。服务生态系统在结构上强调了生态系统的整体性，即所有的价值共创者共同为清晰的价值主张做出贡献（Pennie et al.，2019）。所以，构建服务生态系统的关键在于，识别用户需求提出价值主张并在价值共创者间建立广泛的交互，以及应用物联网来形成以产品为载体的服务。

首先，识别用户需求提出价值主张。服务生态系统展示了以用户为中心的服务设计与服务交付，将用户置于价值共创的核心位置。围绕用户的潜在需求，提出差异化的价值主张是服务生态系统构建的第一步。被价值共创参与者共同认可的价值主张是将共创参与者链接起来的前提，但是，价值主张不会自动浮现，服务生态系统领导者是整个系统的核心。也就是，制造企业主导自己的服务生态系统构建，并识别用户需求提出价值主张，协调其他共创参与者的资源整合活动与价值获取目标。这对制造企业的市场机会敏感性提出了高要求，而吸引说服其他价值共创者遵守资源承诺完成合作并达成双方认可的价值分配方案则更是要求制造企业具有较高的服务生态系统治理能力。

其次，在价值共创者间建立广泛的交互。服务生态系统是存在于组织间或组织与个人用户间的互动网络，仅通过集成或组合每个参与者的信息系统来实现高的客户满意度并不容易，因为，这样的生态系统运作不够透明。但是，如果通过整合共创参与者各方使用的信息系统来解决生态系统的运作问题，其代价又是非常昂贵的。所以，大部分制造企业是以自建数字平台的方式来搭建自己的服务生态系统，将价值共创者集中在数字平台上从而使信息交互更加透明，以更加便捷的方式管理整个服务生态系统。因此，在数字技术得以广泛应用的今天，服务生态系统总是与数字平台相伴而生，或者说，服务生态系统总是基于数字平台的（digital platform-based service ecosystem）（Hein et al.，2020）。

最后，应用物联网（IOT）在服务生态系统中形成互联的全新产品和服务。服务生态系统中的技术组件包括服务器、数据库和用于驱动任何产品或服务内部组件的其他技术。网络经济条件下，制造企业为用户提供的价值主张总是建立在互联的产品上，或者说，价值主张总是以互联的产品为载体。物联网的存在意义是为用户提供具有实际意义的功能或价值。例如，智慧城市、智慧家庭等价值主张的实现需要建立在车辆、交通、健康、公共设施、消费电子产品等的互联交互基础上。不同于将价值共创者聚集起来的交互数字平台，物联网解决的是产品（硬件）间的信息互联与数据交互，使产品（硬件）具有发送和接收数据的机对机（M2M）通信功能。根据物联网产品和服务所提供的应用程序的复杂性，基础设施可能非常庞大，这就要求制造企业进行大量的数字投资，数据库集群、应用程序服务器、应用程序代理服务器以及其他类型的基础设施都在投资之列，数字投资的角色定位需要从降低成本转向战略先导。

5.2.3 内部创业生态系统构建：二阶段关键路径

一个制造企业创建多产品的复杂服务生态系统具有可能性吗？毕竟多类别产品生产分散了制造企业的资源，或者说，不同产品服务之间存在争夺资源的情况，也会造成制造企业组织身份认同（organization identify）的障碍。虽然，存在资源与组织身份认同阻碍，创建多产品的复杂服务生态系统已经出现到一些先进制造企业的组织实践中，这些企业通过专注于内部创业活动（intrapreneurial activities）不断创建新的公司，推动企业从一个创业生态系统走向商业生态系统（business ecosystem）（Cantner，2021）。比如，小米旗下的每一款硬件产品都可以嵌入在米家平台中为用户提供智能家居服务的载体，小米集团以数字平台为基础针对不同类别的产品创建了不同的服务生态子系统，但是这些服务生态子系统却同时服务于一个用户价值主张。小米通过复杂服务生态系统的创建使其在智慧家居领域中处于领先位置。据报道，2021 年小米仅有

63.6% 的营收来自硬件销售，其余营收全部由 IOT、互联网服务等服务业务。那么，小米是如何现实复杂服务生态系统构建的呢？事实上，小米实施了智能家居生态链战略，也就是，除了手机这一硬件产品外，小米针对能够与价值主张产生互补效应的硬件产品进行了创业投资。目前，小米集团内部生态链上的创业企业有 60 余家，提供电源、手环、空气净化器、平衡车、电动汽车等互补产品，不仅如此，小米集团还向集团外部 400 多家"生态链企业"进行了参股、控股投资，使其拥有了一个庞大的硬件产品森林。所有硬件产品都与小米系统、小米社区、米家平台互联，形成了一个拥有众多产品类别的复杂服务生态系统。看似繁杂的投资行为，其背后的商业目的却是十分清晰的，即围绕公司提出的价值主张，不断丰富用户获得的智慧生活服务。相比处于制造企业跨界转型第一阶段的企业而言，第二阶段制造企业从事越来越多的互补产品生产，跨界进入其他制造领域，并在企业内部构建起内部创业生态系统。

制造企业跨界进入其他制造领域，进入跨界转型第二阶段后，搭建内部创业生态系统（intrapreneurs ecosystem）就成为制造企业丰富用户价值主张的物质基础。首先，创业生态系统不仅仅是制造企业创建内部市场的制度安排，更涉及复杂的结构调整与组织设计。通常作为集团公司，制造企业需要将人、财、物、数据等资源在组织内部实现共享，将人力资源、财务、数据等职能部门调整为服务于所有创业项目的资源共享部门，在企业内部形成可以赋能创业项目的资源平台。同时，实施分权的组织设计，以保障每个创业项目拥有足够的自主决策权，按照更加分权的责权利职责对现有部门进行结构优化。换言之，制造企业为搭建创业生态系统首先要完成平台化的结构调整。其次，创业生态系统内各个产品服务子系统嵌入在同一用户价值主张下，这就需要各产品服务子系统在同一用户价值主张下的整合。也就是，各产品服务子系统整合为统一的复杂服务生态系统，以数字平台为基础的复杂服务生态系统往往可以对各个产品提供可共享的服务功能。这就意味着，制造企业不仅需要完成结构上的平台化以共享资源，还需要完成产品服务的模块化，以实现功能共享。围绕同一用户价值主张，制造企业构建成资源平台与产品服务平台的双平台组织。最后，构建创业生态系统需要组织内出现鼓励创新创业的激励制度与文化氛围，从而在制造企业内部搭建起支持内部创业的微观基础（Ahmad，2011）。恰当的激励制度设计与包容的文化氛围可以激励制造企业内部的员工创业，调动员工开发新产品发现新服务机会的积极性。创业生态系统的构建需要得到组织内部员工的认可与参与，调动员工的创新、创业意识，在组织内部形成尊重创新鼓励创业的良好氛围。

虽然，网络时代制造企业构建的复杂服务生态系统总是以数字平台为基础，但是，复杂服务生态系统并不必须依赖于数字平台而存在。以恒星公司（Stellar）为例[1]，恒星公司是一家专注于设计、工程、建筑和机械服务的综合性公司，涉及食品、物流、新材料、建造、健康、商业、室内能源线路九大业务领域。仅从公司所从事的业务领域看，公司提供的产品类别多样，相关性却不强，事实上，恒星公司的各项业务在设计、建造、运营舒适的时尚的可持续的离家住宿体验的用户价值主张中实现了统一。恒星公司运用在多业务领域中积累的技术能力和专业知识，为旅行者提供了质量卓越、安全、舒适的最优成本、最高效率的解决方案（most cost-effective solutions）。公司整合与用户价值主张有关的各项产品与服务为用户提供了从设计、建造到施工、运营一体化的服务解决方案。可见，即使不依托于数字平台，制造企业也可以创建包含多产品的复杂服务生态系统。

5.3 产业差异与制造企业跨界转型路径选择

5.3.1 产业技术特性与制造企业跨界转型路径

制造企业跨界服务业、数字产业将有形产品和无形服务创新性地结合起来进行混合价值创造（hybrid value creation）会受到产业技术环境的影响。产业技术环境的变化会引致制造企业的跨界转型。其一，技术的融合发展推动了制造企业的跨界转型，或者说，制造企业顺应技术发展趋势，将技术上联通的具有互操作性的组件进行技术整合（technical integration），通过在同一技术框架下整合产品与服务来实现额外价值的创造。那些原本不相关的技术随着发展变得更加紧密、融合甚至形成统一的趋势，此时，制造企业顺势而为，提供将不同功能整合在一起的一体化解决方案将会对用户产生成本节约、效率提升、用户体验改善的积极作用。例如，手表、电话、电视、电脑和社交媒体平台开始时是独立的、几乎不相关的技术，但是现在已经在许多方面融合为电信和媒体行业的相关部分，基于此制造企业提供了数字平台共享的整合性消费电子解决

---

[1] 资料来源：恒星公司官网，https：//www. stellar. net/.

方案。而这就是海尔集团、小米集团向家庭提供智慧家居服务的背后原因。制造企业从原来独立生产、销售各类电子产品的纯产品供应商，转变成为用户提供定制的一体化解决方案的服务提供商。其二，技术的复杂性与市场对个性化、整合性产品服务需求的叠加，推动了制造企业的跨界转型。或者说，制造企业在技术复杂性较强，且市场要求更加个性化或整合性的产品服务时，制造企业会选择跨界来满足用户对个性化、整合性产品服务的需求。这是因为，技术复杂性提高了用户对产品技术的信息不对称性，用户无法完成个性化产品的自服务，只能要求制造厂商提供一体化的解决方案。例如，陕鼓集团致力于为用户提供智慧绿色能源的服务解决方案[①]。从技术复杂性角度看，能源设备、能源线路以及能源综合利用等产品技术是非常专业的，以至于大多数用户并不具备自行设计能源使用方案的能力，而每个能源项目又要求非标准化的方案，此时，使陕鼓集团跨界服务业成为一体化解决方案提供商势在必行。事实上，用户对整合性产品服务需求的激增会加速技术复杂性制造企业跨界转型的速度。

　　产业技术的融合发展与技术复杂性造就了制造企业的跨界转型，但是，产业技术的标准化、模块化发展却会造成对制造企业跨界转型的抑制，如图5-4所示。这是因为，标准化的产业技术降低了制造企业与用户之间的信息不对称，特别是在制造企业已经完成了产品模块化设计的条件下，即制造企业提供的产品以标准化组件为前提，此时，作为较专业的业余爱好者的用户就可以根据自己的需求进行自我服务，来完成产品的定制，甚至后期的产品组装、安装、调试、维护、更新等服务都可以由用户来独立完成，此时制造企业就会受到较低的提供产品服务整合解决方案的激励，具有专业知识的用户的自助服务形成了对制造企业服务的替代。以基于模块化的定制化设计为例，当制造企业提供模块化（modularization）的产品组件时，定制化设计就不需要制造企业接触用户，由用户自我服务即可完成。模块化是降低定制成本的关键，大规模定制是制造企业提供备选方案的可控范围内的定制化，由制造厂商提供各种备选的产品与服务模块，由用户根据自己的需要在各个备选模块中进行选择与组合。因此，定制化设计以产品与服务的模块化为前提，或者说，产品与服务进行内容分解实现标准化后，定制化的产品服务就可以按照市场原则进行交付。

---

① 资料来源：陕鼓集团官网，http：//www. shaangu – group. com/service/system – solution. htm.

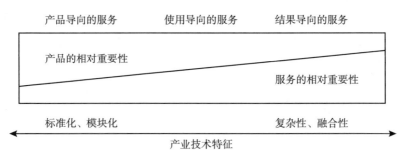

图 5 – 4　产业技术特征与制造企业的跨界路径

个人计算机产业是最具代表性的例子，兰加和鲍曼（Rangan and Bowman，1992）将这种有意的服务稀释战略称为服务压缩战略（service compression strategy）。从 20 世纪 80 年代开始个人计算机行业进入到制造企业跨界服务业提供产品服务整合解决方案的时代，但是，由于个人计算机技术标准化程度不断提高，技术不确定性逐渐下降，厂商与用户间在技术上的理解与知识差距缩小，促使大批计算机制造企业选择了"去服务化"（deservitization）的发展路径（Kowalkowski，2017），即从产品服务整合解决方案提供商退回到全服务提供商、附加服务供应商或纯产品供应商。米勒（Miller，2019）认为，"去服务化"是制造企业战略恢复（strategy restoration）的一种形式。虽然，瓦尔塔科斯克（Valtakoski，2017）认为个人计算机行业发生的去服务化是一个特殊个案，但是，越来越多的学者认为用户在技术上的成熟可以替代制造企业进行自我服务。纵观个人计算机产业发展历程，可以发现"去服务化"并不是所有制造企业的趋同选择，在位厂商选择了"去服务化"和"服务化"两种方向相反的路径。比如，IBM 从 20 世纪 80 年代开始进入服务业[①]，更是在 2000 年完成了个人 PC 机制造业务的剥离，转变成一个为企业用户提供 IBM 混合云和人工智能解决方案的整合解决方案提供商。但是，值得注意的是，IBM 在 2000 年退出个人 PC 制造业务后，IBM 不再从事个人计算机制造。IBM 的"服务化"是以服务器、大型机等硬件以及 AI、自动化、区块链、物联网、云计算和量子计算等软件为基础，为企业用户提供数字化转型的综合解决方案。IBM 放弃个人 PC 市场，聚焦到为商业用户提供综合解决方案，其背后的原因正是个人计算机产品技术的标准化、模块化发展，使制造厂商丧失了由提供服

---

① 资料来源：IBM 公司官网，https：//www.ibm.com/cn – zh。

务带来的价值增值空间。

5.3.2　产业生命周期与制造企业跨界转型路径

按照销售额的变化，产业生命周期通常被划分为导入期（introduction）、成长期（growth）、成熟期（maturity）以及衰退期（decline）（Day，1981）。制造企业所处产业的发展阶段与制造企业的跨界转型路径选择具有密不可分的关系。产业发展处于导入期，在位厂商需要解决合法性问题，教育市场、培育需求是制造企业要完成的首要工作。产业处于成长期、成熟期时，市场需求逐渐成熟，制造企业面对越来越高的差异化竞争压力，不断推出新服务、新产品是在位厂商获得持续竞争优势的关键。产业衰退期在位厂商要么选择退出市场，要么开辟新业务，在位厂商面对着较强的服务压缩压力。戈梅斯（Gomes，2021）的研究证明，在产业发展的发酵期（ferment），制造企业服务化对企业绩效具有正向影响，但是，随着制造产业进入过渡期（transition）甚至成熟期（maturity），服务化对企业绩效的正向影响逐渐减弱；相反，制造企业去服务化在产业发展的发酵期对企业绩效产生负向影响，且这种影响负向影响会随着产业进入过渡阶段而变得微不足道，并在产业成熟阶段对企业绩效产生正的影响。但是，另有研究认为制造企业跨界进入服务业、数字产业对制造企业成长而言是起到战略枢纽（strategic pivot）作用的策略选择（Brax，2017）。或者说，跨界可以作为制造企业突破产业生命周期对企业绩效负向影响的一把利器。

在产业发展之初的导入期，产品技术的发展具有很强的不确定性，顾客对产品不熟悉，企业与用户之间存在着知识鸿沟。此时，用户要么因为不了解而未产生需求，要么并不关心技术，仅对方便使用和简化处理的业务感兴趣。制造企业可以通过提供服务来教育市场，促使市场需求产生，也可以针对方便使用、简化处理的用户需求提供集成的产品与服务。产业导入期为制造企业围绕用户以跨界服务业提供产品附加服务获得成长提供了产业空间，因此，处于产业导入期的在位厂商具有从纯产品供应商转变为附加价值供应商的战略动机。由于用户对产品不熟悉，市场中尚不存在全服务提供商或综合解决方案提供商的生存空间，市场对更高级的服务并未产生需求。所以，制造企业往往可以作为附加价值供应商进入处于导入期的产业，以增加产品导向的服务为路径完成跨界转型。事实上，制造企业总是主动进行跨界来为企业的可持续成长打通市场。以农大肥业公司为例①，其是国内最早进行腐殖酸肥生产的企业，与传统化肥不同，腐殖酸肥料不是化学肥料不会对土壤产生板结贫瘠等负面影响。但是，腐殖酸肥料价格较高，农民用户习惯了低价格的化学肥料，对高价格的新肥料没有使用欲望。为了解决农民用户认知不足的问题，农大肥业公司在国内肥料行业率先进行了"产品 + 服务"的跨界转型。农大肥业公司为农民用户提供测土配方的定制服务，即为农民用户的土壤养分进行测量，并根据种植作物的养分需求情况，提供针对性的定制性肥料；同时为了使缓释肥料的效率最大化，节约农田用水，农大肥业公司根据每个农户的田间实际提供灌溉系统的设计与施工；甚至为了提高亩产，农大肥业公司与农业大学合作为农户提供作物种植技术培训；为了使专家技术咨询不受时间与区域的影响，农大肥业公司利用微信、微博等数字平台构建起线上技术咨询热线。经过以上产品导向附加服务的提供，农大肥业公司顺利解决了用户对产品不了解、无需求的问题。可见，产业处于导入期时，制造企业可以通过提供产品导向的服务跨界服务业、数字产业来解决用户知识鸿沟响应用户对方便使用、简化处理的集成产品服务的需求，使企业获得组织的合法性资格。

产业发展进入成长期后，厂商克服了早期用户对新技术、新产品认知不足的问题，开始以产品创新及发现新的服务机会为突破口为用户提供全新价值，为企业创造新的收入源。所以，此时制造企业跨界往往不是用户引发（customer-induced）的，而是创新引发（innovation-induced）的，特别是，数字技术的广泛应用使得追踪用户交互数据发现新的服务机会成为可能。不论是技术创新还是非技术创新，新的产品与新的服务都使制造企业面临实施先进服务运营方式的压力。此时，制造企业跨界转型，既可以选择增加产品导向服务的功能升级路径，也可以选择重构商业模式的跨产业升级道路。同样以农大肥业公司为例，经过十几年的市场培育，腐殖酸肥料逐渐被国内市场认可，产品甚至远销美洲欧洲的数十个国家。长期的数据积累，让农大肥业公司对全国耕地的土壤情况与耕地农户的种植习惯了如指掌，农大肥业公司顺势推出了全年种植定制一体化解决方案，即农大肥业公司为农民用户提供了一整套涉及农产品全生命周期的服务解决方案，从融资、销售、育种到种植、病虫害防治，从肥

---

① 资料来源：冯文娜等. 创新服务为三农：山东农大肥业科技有限公司的服务化转型［EB/OL］. 中国工商管理国际案例库案例号（GC - 18 - 018），2019 - 06 - 11，http：//www.ecase.com.cn/#/lib/c?did = b.

料、种子到田到户到农产品包销，参与农大肥业公司示范田的农户都可以在支付一定的费用后享受到无后顾之忧的产品全生命周期服务。农大肥业公司通过不断为用户提供的新的服务，一方面获得了用户忠诚与企业声誉，另一方面随着商业模式的不断调整，农大肥业公司获得了越来越多的发展机遇。

按照戈梅斯（Gomes，2021）的观点，产业进入成熟期后由于不确定性的下降，制造企业失去了跨界服务业、数字产业的机会，相反，会实施服务紧缩战略。但是，无论是在商业还是技术领域的新发明、新创造，完全新颖的方法（innovation-and invention-induced）都会引发对原产业的破坏性影响，或者说，为产业获得新生提供了新契机。所以，产业进入成熟期甚至衰退期后，技术上或商业实践上的新创造都可以导致产业跳出原有的演化路径，出现演化跃迁。例如，随着居民收入水平和消费倾向的提升，自行车产业出现夕阳化，但是共享单车这一使用导向服务模式的介入却改变了自行车产业的演化路径，将濒死的自行车产业推向新的发展路径。共享单车以新的商业模式颠覆了传统自行车制造产业，使用导向的服务改变了传统自行车制造的盈利方式。虽然，共享单车不是发生在自行车制造产业，但是，共享单车对成熟期甚至衰退期的制造产业的颠覆是值得被关注的。可以预期，在产业进入成熟期后，制造企业的跨界转型可能会对传统产业产生颠覆性的影响，给传统产业带来新的生机。可见，布拉克斯（Brax，2017）提出的制造企业跨界进入服务业的战略安排是可以起到战略枢纽作用的理论观点与企业实践吻合。无独有偶，红领集团长期耕耘于服装制造产业[①]，制衣作为传统制造产业利润空间越来越小，红领集团通过跨界服务业完成了产品与服务的集成，通过数字平台向用户提供了数字量体、版型、款式、面料全定制的服务包，数字技术在生产环节的应用使得弹性生产流程具备了低成本大规模定制的可能。通过跨界服务业与数字产业，红领集团不仅改变了传统制衣产业的商业模式，更演化为提供传统产业跨界转型一体化解决方案的提供商，服务输出的营收已经超过产品销售带来的总收益。所以，产业进入成熟期甚至衰退期后，制造企业仍可通过跨界转型获得新的生存空间，不论是增加使用导向的服务还是结果导向的服务，都会对传统制造产业产生颠覆性影响，创造新的产业发展机遇。

最后，与产业生命周期有关的环境因素变化，也会影响到制造企业跨界转型的路径选择。由于产业是嵌入在社会和自然生态系统中的，因此，经济的变

---

① 资料来源：酷特智能官网，http：//www.kutesmart.com/clothing_c2m_Industrial.php.

化、地缘政治的变化、社会的变化、突发事件如自然灾害都可能引发是破坏性的颠覆。环境动荡性越强就越可能暗藏了转型机遇。但是，并不是外部环境的变化一定对制造企业的跨界转型产生积极的影响，有时政府对于市场的监管反而会限制制造企业的跨界行为。最典型的事例是施乐（Xerox）公司在 20 世纪 70 年的遭遇①。1959 年施乐公司研发出 914 型复印机，但是单机价格远高于市场同类产品，施乐公司在没有找到投资人的情况下寻求新的商业模式，最终施乐提出以每月 95 美元的价格将产品租给客户，租期可以在 15 天内取消。所有必要的服务和支持都由施乐公司提供，并包含在租赁合同中。例如，每月前 2000 页的免费复印包含在租约中，超过 2000 页之后施乐公司每页只收 4 美分，相对于竞争产品所需的特殊纸张每张 15 美分来说，这在当时是一个适中的价格。当时，每台机器平均每月复印 3000 ~ 4000 页。截至 1972 年，施乐公司生产了超过 20 万台 914 型复印机。公司收入从 1959 年的 3000 万美元增长到 1972 年的 25 亿美元。但是，联邦贸易委员会认为施乐公司垄断了其产品的售后服务，致使施乐公司控制了全球 60% 的复印机市场和 95% 的普通纸复印机业务。1972 年 1 月中旬联邦贸易委员会对其提起反垄断诉讼，1975 年施乐公司与联邦贸易委员会达成了和解。根据和解协议，施乐不得不将其专利授权给竞争对手，同时，改租赁 914 型复印机为出售，并允许终端用户可以从竞争对手那里购买后期维护服务和碳粉。在政府的干预下，最终被迫放弃提供使用导向服务的施乐公司，在 20 世纪 80 年代早期其全球市场份额下降到了 41%。可见，产业所嵌入的社会与自然生态系统的不确定性会影响到制造企业的战略选择。

对制造企业跨界转型的实践进行考察可以发现，制造企业跨界进入服务业、数字产业是起到战略枢纽作用的战略安排。在制造产业的导入期与成长期，制造企业选择跨界战略以适应市场与技术的发展要求，在产业成熟期与衰退期，制造企业通过跨界战略可以创造产业新的发展机遇。不同的是，导入期与成长期制造企业主要以功能升级的路径来进行跨界，产业成熟期与衰退期，在位厂商通过跨产业的模式升级路径来推进跨界。总之，跨界不仅是制造企业获得新收入源的途径，更是传统制造产业蜕变升级的具体策略。

---

① 资料来源：Gomes, E., Lehman, D. W., Vendrell - Herrero, F. and Bustinza, O. F. A history - based framework of servitization and deservitization [J]. International Journal of Operations & Production Management, 2021, 41 (5): 723 - 745.

5.4　小　　结

在企业能力可塑的前提下，制造企业跨界转型的路径选择需要与跨界模式、跨界阶段及产业特性相匹配。换言之，路径选择具有个性化特征，每个制造企业所处的产业、其所选择的跨界模式以及跨界转型自身的发展阶段都会影响到制造企业的路径。或者说，制造企业需要权变地进行路径选择。功能升级与跨产业的模式升级是"制造＋服务"模式下制造企业跨界的两条可选路径，"制造＋服务＋数字"模式下，制造企业走数据驱动效率提升的功能升级与数据驱动新服务的跨产业的模式升级两条路径。在制造企业跨界转型的第一阶段，制造企业主要以构建"以我为主"的服务生态系统来围绕用户提供产品服务一体化解决方案，至跨界转型的第二阶段，制造企业构建内部创业生态系统促进企业拓展用户价值主张目的的达成。从制造企业所处产业的技术特性看，技术发展趋势与产业发展阶段都影响着制造企业的跨界转型路径选择。技术标准化、模块化的发展降低了用户与企业在产品技术知识上的差异，用户自我服务对企业服务形成替代，特别是数字化服务的出现，制造企业跨界提供的服务类别与数量趋于减少，相反，技术复杂化、融合化的发展则增强了市场对制造企业跨界提供集成性产品服务的需求。制造企业跨界进入服务业、数字产业是起到战略枢纽作用的战略安排，跨界不仅是制造企业获得新收入源的途径，更是传统制造产业蜕变升级的具体策略。所以，制造企业在产业发展的不同时期可以选择不同的路径来完成跨界以适应市场与技术的发展要求。

第6章
网络时代制造企业跨界转型的对策建议

制造企业跨界转型既是环境选择的结果，也是制造企业因环境变化而做出适应性能力演化的结果。不论制造企业根据跨界模式、跨界阶段与产业特征做出怎样的路径选择，归根到底都需要企业生成足够的能力以保障战略的实施。所以制造企业实现跨界转型的对策建议，从环境互动对策与价值创造对策两方面进行阐释，对制造企业怎样做才能响应环境变化、增强对环境的适应性给出具体的对策建议。

6.1　制造企业跨界转型的环境互动对策

6.1.1　"适者生存"的环境选择对策

近年来我国企业在探索高质量发展的过程中不断涌现出新的模式，制造企业向服务业、数字产业跨界转型已经成为大势所趋。市场环境、技术环境、政策环境与竞争环境的变化都为制造企业指向了同一个转型出口，在风口已经形成的条件下，制造企业需要以"适者生存"的生存准则指导自己的战略选择，谁能抓住风口谁就会获得生存机会，否则就会被淘汰。强大的选择压力解释了企业经营实践中的高度相似性，在趋势面前制造企业接受环境对企业的选择往往是最节约成本的选择。按照组织生态学的核心观点，现有组织发生的大部分变化不是某些组织适应变化的结果，而是一种类型的组织取代另一种类型组织的结果（Aldrich，2006）。制造企业跨界转型成为横跨制造、服务、数字等多个产业，提供产品服务集成方案的组织就是奥德里奇（Aldrich，2006）论著中环境选择的结果。跨界转型为什么会成为制造企业发展的必然？原因是，无论是用户出于对使用简便、成本节约的集成性产品服务的需求，还是数字技术带来的不同产业间技术的融合，技术和市场双方的力量都在引致制造企业放弃仅以销售产品为唯一收入来源的传统做法。仅依靠生产和销售产品制造企业只能获得微薄的价值回报，而顺应市场与技术的发展，提供产品与服务的集成体则可以改变制造企业在微笑曲线上的位置，特别是数字技术在制造企业供应链中被广泛应用后，收集、分析设备交互及用户交互的大数据成为可能，由数据驱动的新服务开发往往会带给传统制造企业新的生机。事实上，在价值链上从事更高附加值的价值链环节是制造企业高质量发展的必然。

6.1.1.1　顺应环境对主导逻辑的选择

环境变化改变了制造企业生存的主导逻辑，环境要求制造企业依照服务主导逻辑提供产品与服务整合的用户价值主张。用户价值主张是针对细分市场而言的，或者说，是针对制造企业所识别的用户而言的。虽然，识别或定位细分市场对于制造企业并不是复杂的事，但是，随着新的服务机会的发现，制造企业可能会面对用户细分市场发生改变的机遇与挑战，从单一细分市场进化到多样化的细分市场，甚至转型为平台型组织使制造企业面对多边市场所链接的不同用户，那么，制造企业就需要为不同用户提供不同的以吸引用户选择制造企业而非其他企业的用户价值主张。用户价值主张本质上就是一组满足特定市场的产品与服务整合，这些产品与服务解决了用户的某些问题或满足了用户的某些需求。之所以能够区别于其他企业而吸引用户选择它，是因为制造企业提供的用户价值主张相对于其他竞争对手是全新的或颠覆性的，或者是相对于其他竞争对手增加了新的特征与属性。

顺应环境对主导逻辑的选择，制造企业需以用户为中心，通过提供一组产品与服务的组合来为用户创造价值。用户价值既可以是定量的，如服务提供的速度、产品服务的价格，也可以是定性的，如用户体验。网络时代用户获得的价值包括产品价值、服务价值、流通价值与心理体验价值四方面，他们共同构成了企业的四维价值空间。跨界转型以服务产业、数字产业改造传统产业，因此，四维价值空间中的任一创新都可以产生新的用户价值（李平，2014），或者说，制造企业在四个价值维度上的任何颠覆性的或增量性的改进都可以为用户创造新价值，从而使得制造企业所提供的价值主张与其他企业相区分。从产品价值改进的角度看，对相似价值的产品以更低的价格提供，或是通过品牌、设计、定制化、功能创新等提供差异化的价值，都是产品价值创新的着眼点。例如，通过对产品操作的简化，让产品变得更加容易使用是为用户创造实质性价值的常见方式，越来越"傻瓜"的操作界面或者越来越简化的操作步骤等都在改变着用户获得的产品价值，且在大众市场上越来越成为一种主导趋势。从服务价值改进的角度看，降低用户使用产品服务的成本、减少用户使用产品服务的风险、提高用户接触产品服务的机会都是可选的服务价值增值策略。以喜利得公司为例，喜利得公司发现用户在采购、维修、保养、管理建筑工具上花费了大量时间成本与资金成本，喜利得通过开发机队管家服务来为用户节约成本、提升效率、缓解资金挤占，用户在获得服务价值增加的同时，喜利得获得了新的收入来源。再比如，基于物联网为用户提供远程监控与维护服务，可以减少用户使用产品服务的风险，附加服务的提供也为制造企业创造了新的收入来源。而构建社区、自动服务（automated services）、共创等则可以增加用户的体验价值，网络时代数字技术的广泛应用更是使虚拟社区、自动服务、共创等变得可行，在社区互动、自动服务与共创中，用户不仅与制造企业沟通了诉求舒缓了心理紧张，同时也更加便利高效地享受到了企业所提供的服务，使用户获得了更高的体验价值。可见，顺应环境对主导逻辑的选择，制造企业需不断进行产品价值、服务价值、体验价值以及流通价值的创新，才能始终保持用户价值主张的差异性，获得以用户为中心的时代的认可。

6.1.1.2 顺应环境对组织结构的选择

环境创造对组织的需求，组织的管理者通过调整战略等手段适应环境的需求。战略调整改变了各种权变要素，如规模、技术、模式等，不同的组织结构对这些权变要素有不同的适应性。因此，制造企业响应环境对组织的需求调整战略后，总需要采取措施改变组织结构以适应权变要素的变化，从而改进绩效。换言之，战略通过结构的调整来实现，结构调整产生新的适应，新的适应恢复组织绩效。网络时代制造企业实施跨界的战略转型需要在结构上克服以往以产品为中心的组织模式的阻碍，结构调整需要满足以用户为中心的变化，更要满足跨界转型发展到高级阶段后对平台型组织的需求。所以调整组织结构克服结构惯性的关键，在于服务主导逻辑下以用户为中心的结构设计以及支持复杂服务生态系统的平台型结构调整。

一方面，服务主导逻辑下以用户为中心的结构设计需要制造企业重塑以生产为中心的结构设计。在以生产为中心的结构中，一切价值活动按照产品研发、设计、试制、采购、生产、销售、售后的线性逻辑展开，各个价值活动具有绝对的先后位置，上一个环节结束后才开始后一个环节，组织中各个部门的任务是清晰的，并只针对上下游价值环节部门负责，没有跨越上下游部门进行沟通与协作的必要，即便是组织中的辅助价值部门也围绕生产这一核心环节展开。但是，服务主导逻辑下，制造企业生存的根本在于为用户提供价值主张，使用户以最舒适有效的方式获得用户价值。此时，组织内判断一切价值活动有效性的标尺变成了是否从用户价值出发及是否为用户价值产生边界贡献。所以，一切按照线性逻辑展开的价值活动都需要按照围绕用户价值的原则进行重新组织，价值活动之间严格的线性关系被改变了，更形象地说，组织结构由以往基于价值链的结构设计调整为环形价值活动关系的结构设计。研发、设计、试制、采购、生产、销售与售后等价值活动全都围绕用户进行，以用户为圆心，形成各个价值活动横向关联丰富的环形结构。例如，研发不再是从实验室到下游生产环节的单线价值流，而是围绕用户的由研发、设计、生产、销售、售后、用户共同参与的价值活动。在农大肥业公司跨界转型的案例中可以发现，农大肥业公司的组织结构发生了深刻变革，组织内部结构从科层制转变为打通部门壁垒的横向合作结构，每一款新产品、新服务的推出都是研发、营销、生产等各部门通力合作的结果。为了匹配战略，农大肥业公司改变了研发人员、营销人员的工作职责，研发人员在田间消耗大量时间以真正了解用户的需求，营销人员则承担起科普宣传的责任，向农民用户普及新产品、新技术的相关知识。"跨部门联席会议"成为企业完成每一次产品服务开发的关键，研发部门既要听取用户的痛点需求，也要辨析用户的使用习惯，还要兼顾生产能力的限制。

另一方面，支持复杂服务生态系统需要制造企业进行平台型组织结构的调整。制造企业跨界转型的第二阶段是形成以企业为核心的商业生态系统，构建起围绕同一价值主张的复杂服务生态系统，通过各种互补产品的提供丰富企业的价值主张。也就是，制造企业跨界进入其他能够产生互补效应的产品与服务领域，这就需要制造企业在组织内部形成新产品服务赋能的资源平台，以及互补性产品服务链接到用户的统一用户平台。资源平台不仅是企业内部资源的共享平台，更是企业与外部价值共创者交换整合资源的平台，为企业内部创业赋能的不仅是制造企业还有其他价值共创参与者，内部创业者可以在平台上获得信息、数据等无形资源以及人力、物力等有形资源。这就要求对内整合资源，建立起职能部门的横向联系，在组织内部构建起一站式（one stop）的资源服务，同时，实施组织扁平化将决策权赋予每个创业者（小组或企业）；对外构建与价值共创者们的长期合作关系，为每个创业者（小组或企业）的资源整合搭建良好的制度环境。统一用户平台的价值在于所有互补的产品服务共用一个入口来连接用户，以降低用户的使用成本，避免复杂产品服务系统对用户造成混乱，同时也降低制造企业接入用户的成本。

6.1.2　"用进废退"的环境适应对策

环境选择企业形式的同时，企业也在进行着适应性学习，不断改变着企业能力以达到与环境变化相匹配的结果。正如组织演化理论所指出的那样，如果组织产生变异和保留的过程存在于一个系统中，并且该系统受制于环境的选择过程，那么组织演化就会发生（Aldrich，2006）。变异不只有盲目的，当组织积极地寻求替代方案解决问题时，就会出现有意识的变异（intentional varia-tions），这种变异是组织针对当时的困难情景有意识的响应。虽然，强调企业家或高管团队作用的研究都认为，企业家或高管团队相信他们所做的大部分事情都不是盲目的，在面对不确定性和风险时，他们可以使用他们的技能来改善企业的处境。但是，正如马奇所指出的"组织适应环境的要求而改变，但是这些改变很少会顺应特定行动者所期待的方式"（March et al.，1994）。因此，只有被环境选择了的行动或惯例才会被保留。即如果环境选择了新实践或新惯例，也就是，组织所执行的新实践或新惯例在行业内获得了合法性，那么适应性组织就将转向新的实践，新的惯例就会在组织中得以保留。可见，根据组织演化理论的基本观点，组织为适应变化而发生的惯例改变在被环境选择后，会成为新的组织惯例在组织中保留，即企业能力的演化是被环境选择的环境适应性变异。

6.1.2.1　学习机制与有意识变异的产生

外部环境变化时，被组织日复一日熟练重复的组织惯例（routines）可能会与当前的情景无关，甚至是不适应。惯例的价值在于，当外部环境稳定时，组织重复这些实践有助于组织的稳定。但是，当外部环境变化时，稳定的惯例则会导致企业陷入"能力陷阱"（competency traps），抑制企业发现潜在的适应性替代方案，企业只去做擅长的事，而不去寻找新的更有效的方案（Sarta et al.，2021）。因此，积极响应环境变化，促成惯例有意识的变异是企业顺利走出不确定性旋涡的关键。但是，有时积极响应更像是一场迫不得已的"救火"，是对出现了的问题的即时性应对，而不是稳定的战略规划或者来自稳定内部机制的持续输出。可见，制造企业需要通过稳定的机制设计来实现组织对环境的积极响应，也就是，将积极应对环境变化作为制造企业稳定的战略方向。

首先，在组织内部建立正式的探索式学习与开发式学习的二元学习机制，从而使有意识变异的产生成为组织的日常。经常通过制度化实验来诱导探索性变异的组织更有可能对变动了的环境采取积极的应对态度，或者说，在引致惯例发生有意识的变异的稳定机制中，创新往往是其中最具效率的方式。创新不仅是组织从事行业内从未有过的新实践，模仿即从事企业从未有过的新实践也是制造企业采取积极响应导向的原因。因为，对于行业内更具适应性的企业实践的模仿，往往可以增强制造企业对环境变化的底气与信心，成功模仿的一个结果是增强了组织的稳定性，另一个结果是提高了效率水平。即成功来自模仿他人，而不是组织自身的开创性活动。所以，长期从事探索与开发的制造企业，在面对环境变化时会采取更加积极的态度，而不是采取消极的措施来躲避变化或从市场中退出。组织内部正式的探索与开发学习机制的构建，增加了制造企业应对环境变化的方式多样性。有时，过于激进的创新也会摧毁其他组织赖以生存的能力，甚至对整个行业产生破坏性的结果，也就是，整个行业被这种激进的创新颠覆了，行业内企业的生存条件被重新改写。

其次，通过制度设计在组织内部创建鼓励员工创新、鼓励竞争的正向激励环境，使组织惯例有意识的变异在组织内部自主产生。企业对员工直接和间接的激励也是组织内有意识变异的来源。改变标准惯例的内部激励措施往往包括让创新成为员工工作日常的一部分。也就是，在企业内部形成创新的"惯例"，让接受变化或主动寻求变化成为企业的日常，让企业习惯于在变化中寻找新的成长机会。对于那些积极从事创新且有一定成效的员工，给予一定的直接或间接、物质或精神的补偿则是在组织内强化员工创新的必要手段。此外，制造企业还可以通过鼓励工作小组之间的竞争，来获得组织惯例的有意识的变异。在小组竞争中，组织可以选择被证明是在变化了的环境中更有效的组织惯例，并通过奖励让惯例得以保留、传播与强化。

6.1.2.2　保留机制与有价值变异的维持

拉马克主义的生物进化观点认为，当有意识的变异被保存或复制，以便所选的惯例在未来的场合中重复，或所选的惯例在未来的世代中再次出现时，就发生了保留。能力的这一演化过程就被称为"用进废退"。从组织层面上看，保留程序的发生让企业获得了从已经被证明是有益的惯例变异中获取价值的可能。如果没有保留机制所引发的对有意识变异的保留，变异了的惯例就会从组织中迅速消散。因为，根据纳尔逊和温特（Nelson and Winter, 1982）的经典观点，惯例就像是组织的制度记忆，一旦重复停止了，记忆就会衰退甚至彻底遗忘，不论这种惯例是有关技术的还是有关组织程序的。如果环境变化趋于缓和，那么被保留的变异了的惯例就会在组织中不断重复，从而使制造企业获得持续性成长。相反，被证明是有益的惯例变异没有被保留，制造企业不断试错会面临非常高的环境适应成本。而如果环境变化进一步恶化，那么新一轮的惯例变异就会在企业对环境的适应中出现。

首先，变异后的组织惯例内化为员工的行为准则时，被证明是有价值的变异就在组织得以保留。无论是关于组织程序的惯例还是关于技术的惯例，惯例最终体现在员工对于工作习惯的养成，或者说，当惯例内化为员工的行为准则时就会极大地促进惯例在组织内部的保留。而在形成被员工普遍接受的行为准则过程中，社会学习发挥了重要作用，员工通过社会学习，习得有价值的行为，并将其转化为自发的行为后，该行为就变成为员工的一种习惯。习惯的力量是强大的，习惯向人们提供了一种解决问题的标准方法，习惯减少了人们的认知负荷，可以帮助人们节省处理问题时的信息处理和信息解释成本。当然，习惯也可能产生相反的影响，即以习惯的方式去处理新的问题，会导致新的问题中的新情况被人们忽视，而无法对变化了环境给出适应性的解决方案。被员工们普遍接受的行为准则的出现，一方面是员工在日常应对新的环境变化时不断积累的默会知识，另一方面是被组织明确要求被证明是有益的惯例变异，引导员工的行为是组织应当承担的负责。通常员工会依据社会学习的结论来调整行为，这就意味着，当员工发现组织会对某些越轨行为采取容忍态度时，就会推断出其他类似的越轨行为也会被组织容忍，因此，出现了组织不期望看到的员工行为。所以，制造企业需要在一定程度上限制员工的自由裁量权。

其次，通过制度化将被证明是有益的组织惯例变异在组织代际中予以保留。程序惯例往往是可以被直接制度化，并以显性知识的形式保留在组织中。因为，程序（procedure）是有关行动顺序的外显化知识，可以便宜地以制度化的方式在组织中保留，并传递到下一代员工的手中，并被下一代组织员工接受与实践。但是，有关技术的惯例却包含了嵌入在员工个人层面的默会性知识，相比于显性知识，隐性知识制度化会受到更多限制。通常，无法向显性知识转化的有益的惯例变异可以通过增加员工之间相互观察的方式，实现有益的变异在代际间的传递。这就要求组织设计正式制度来促进员工间的相互观察与正式联系，在相互观察中通过社会学习将适当的行为规则在人际进行传递。制度化的另一个表现就是，被制度化了的组织惯例变异将会在组织文化信仰和价值观中占主导地位。也就是，在组织层面被证明是有益的惯例变异被普遍接受了，成为员工日常行为的准则。

6.2　制造企业跨界转型的价值创造对策

6.2.1　战略导向调整

那些能够"先人一步"实现跨界转型的制造企业会享受到先动带来的好处。这就要求制造企业对市场环境、技术环境、政策环境与竞争环境的变化保持敏锐的洞察力，但是，一旦企业长期以来的运营模式成为一种习惯，这种惯性就会阻碍制造企业对变化的察觉，即使观察到变化也会因为认知惯性的作用对变化视而不见。因此，制造企业克服认知的惯性是企业保持市场敏感性的必要前提。制造企业需要从战略上对环境变化给予足够重视，始终保持对竞争者行为与用户需求变化的关注，协调所有部门致力于创造顾客价值。与工业经济时代不同，网络时代数字技术以前所未有的速度与深度重塑了整个社会，不论是从需求侧对用户需求与用户习惯的改变，还是从供给侧对生产组织方式与产品服务交付方式的改变，在网络时代不了解消费互联网就会失去需求，不了解工业互联网就会丧失竞争力，所以，制造企业需对新技术的应用采取开放的心态接纳之。制造企业不仅要跟进数字技术的发展，更要在产品技术上寻求新的突破，鼓励员工对于新产品发展提出创新构想，使自己总是处于产业发展的技术前沿。可见，制造企业要在战略导向上向市场与技术倾斜。

虽然，不断寻求新的发展机会与积极看待变革是制造企业不畏困难推进转型的前提，但是，企业看待变革的积极程度却不会显著提高企业跨界转型的适应性绩效，也就是，企业承担风险的决心不直接与所获得的绩效相关。调查发现，制造企业跨界服务业、数字产业的发展模式普遍存在于不同产业与不同地区中，在"潮流"面前个体企业对变化所持有的积极态度已经不足以说明在这一趋势下制造企业的绩效差异，或者说，创业导向的高低与开创性的转型具有更直接的联系，作为不是第一个"吃螃蟹"的大多数制造企业，对企业变革更加积极的态度不是顺利推动其与时代潮流保持一致的关键。所以，从战略导向上看，市场导向与技术导向远比创业导向对制造企业克服认知惯性更有价值。

6.2.1.1　以用户为核心的市场导向

以用户为中心，致力于为用户创造价值看似简单，实则是困难的。困难不在于制造企业无法认识到市场导向的价值，而在于真正理解用户的诉求。建立在广泛用户沟通基础上的用户痛点（pains）需求的识别是容易的，因为用户的抱怨、吐槽、投诉等就是痛点的直接表达，在数字技术的支持下，制造企业比以往任何时候都更容易获得用户的反馈，所以了解用户痛点需求并不是难事。但是，痛点需求往往不能反应用户的真实诉求。这是因为，用户的反馈总是针对于产品服务的功能，而不是针对用户使用产品服务意图实现的目的。大数据分析往往不能直接发现用户的真实诉求，虽然大数据分析可以轻易建立用户人口统计学特征与产品服务使用行为之间的联系，但是，这些关联却不是决定其产品服务使用的真正原因，那些决定产品服务使用的关键心理变量恰恰不能被大数据分析发现。所以，越接近用户越容易注意到用户的痛点需求，同时也越可能迷失在解决表面痛点需求的泥潭里。或者说，有时被制造企业发现的痛点需求会对制造企业产生误导。

用户购买产品服务组合的目的是使用这些整合的产品服务来满足自己的某种目的，比如，用户购买电视的目的是娱乐。用户购买产品服务目的是为自己做一件事（jobs to be done），如果它能很好地完成，下次面对同样的工作时，用户就倾向于再次购买该产品服务，相反，用户就会尝试寻找替代方案（Clayton et al.，2016）。可见，用户在抱怨产品服务功能时，其真实的使用产品服务的目的是被隐藏的。正因如此，企业往往过多关注了在数据分析中呈现出来的产品服务使用与用户特征的相关性，而对特定情境（circumstances）下用户试图通过产品服务的使用解决什么问题或实现什么目的却不够了解。由于企业关注的产品功能有时并不与用户需要完成的工作（jobs to be done）相一致，这就导致制造企业被用户误导，将大量资源投入到无效的产品服务系统创新中。因此，市场导向的制造企业旨在为用户解决问题，或者说，为用户要做的事提供解决方案，而不是旨在改变产品服务的功能。创新资源投入到可选的解决方案提供上，而不是一味地精进产品服务的功能。同时，由于用户价值不止包含产品价值与服务价值，体验价值、流通价值等也是用户价值的关键维度，所以以用户为核心的市场导向不止是识别用户的真正需求，更需要识别特定情境下用户获得的体验价值，或者说，需要识别用户价值中的社会与心理维度。

6.2.1.2　与战略保持一致的技术导向

技术导向是企业引进、开发、应用新技术的倾向，具有高技术导向的企业被公认为是热衷于获取新技术和应用新技术的企业（Hakala，2011）。高技术导向的制造企业往往是与时俱进的，不守旧且对新技术具有浓厚兴趣，因此，网络时代高技术导向的制造企业会更加重视物联网、云计算、大数据等新技术手段的发展与应用。普拉哈拉德和哈默尔（Prahalad and Hamel，1994）强调，企业的长期成功是通过新的技术解决方案、新产品和新服务来实现的，技术导向的企业在技术领先和提供差异化产品方面具有卓越的性能，因此，企业对新技术引进、开发与应用的态度决定了企业的竞争优势（Voss et al.，2000）。主动获取新技术和先进技术的企业往往更具有创新性，它们强调将资源投入于新流程、新产品和新服务的引进、开发与应用，特别是在高度竞争与快速技术变迁的市场条件下。

一方面，高技术导向的企业需保持技术信仰体系与企业愿景、使命的一致性。技术需引进、开发、应用的服务于企业战略，根据战略方向决定技术投资的额度、方向与方式，确定哪些技术是内部开发，哪些技术是从外部获取，并根据竞争对手与市场趋势确定技术开发方向。制造企业对待新技术的态度不仅取决于企业自身的知识积累，同时取决于市场上用户的选择。一般地，消费者更喜欢具有技术优势的产品和服务（Srinivasan et al.，2002），根据这一理念企业需将资源投入到研发中，积极获取新技术，并使用先进的生产技术（Voss et al.，2000）。所以，以技术为导向的企业同时需要有能力来获得大量的技术信息，并将其应用于新产品的开发中。但是，消费者并不总是喜欢具有技术优势的产品和服务，这与消费者的认知与转换成本有关。认知的阻碍有时可以通过制造企业的努力来消除，有时却难以获得成功，为了消除转换成本对新技术扩散的负面影响，制造企业往往需要付出高额的成本来改变用户习惯。事实上，越来越多的研究证明逆向创新（reverse innovation）会对市场产生颠覆性的影响，新技术并不必须是具有技术优势的技术，针对低端市场的新技术开发与应用也会产生有利于企业绩效的结果（Malodia et al.，2020）。所以，技术导向与市场导向相结合的战略导向调整是网络时代制造企业跨界转型克服认知障碍的主要策略。

另一方面，企业对技术开发、技术应用的态度表现为企业对技术开发、技术应用的资源承诺。高技术导向的制造企业会分配更多资源用于技术开发、试验新技术，否则，企业会因为日渐落后的技术而被逐出市场。所以，通常企业需要建立学习和遗忘紧密结合的机制来对资产进行有效的整合与配置，从而促进新知识的流入与创造。毫无疑问，技术投资的方向被企业战略决定，技术导向总是需要与企业战略保持一致，受企业战略的约束。因此，制造企业对待新技术的态度及信仰体系直接决定了制造企业在技术演化迅速的网络时代的环境适应性。在数字化浪潮改写传统制造产业的时代，制造企业主动卷入到数字技术的应用与开发中已经成为时代发展的必然。调查结果证实了，拥有高技术导向的制造企业在网络时代表现出更好的适应性绩效，所以，网络时代制造企业在信仰体系调整时需强调对新技术的包容性态度。

6.2.2　生态系统伙伴选择

对于一个企业来说，拥有所有的资源或独自完成所有的活动是不合逻辑的。制造企业跨界服务业、数字产业通过提供集成的产品与服务响应用户价值需求的一系列活动发生在服务生态系统中。服务生态系统内，制造企业通过整合共创参与者的资源来共同创造用户价值。因此，服务生态系统就像一个由共创参与者聚集而成的"社区"，为制造企业识别产品服务系统创新机会、实施价值共创活动提供着资源（Suppatvech et al.，2019）。由于，与制造企业共同参与价值共创的既可以是供应商、分销商、科研院所等组织，也可以是家庭、消费者等个人，所以服务生态系统具有参与主体多样化的网络结点特征。价值共创不仅要求共创参与者间的资源互补，还对共创参与者在规范、信念方面的契合提出了要求。因为，互惠共生是服务生态系统网络关系的基本特征，不同于一般的网络关系，生态系统中各成员间的关系不止是合作与竞争，他们之间更是彼此依赖、资源共享、共生共荣与共同演化的复杂关系。显然，价值共创的互惠、共赢、共享特性决定了制造企业跨界转型的服务生态系统伙伴选择不同于价值链、战略联盟等伙伴关系构建，前者重视共同成长，后者重视价值分配。但是，服务生态系统中生态伙伴间的关系有时是松散耦合的，有时生态系统伙伴进入或退出服务生态系统是没有壁垒的，特别是，对于那些不需要大量资源承诺既可以嵌入于生态系统的客户而言，服务生态系统的约束性是较弱的；有时却又是壁垒较高的，特别是，以专用性资产投入于用户价值主张提供的共创参与者。所以，生态系统伙伴选择（selection of ecosystem partners）不同于一般的网络关系构建，不仅要求生态伙伴在规范、信念等方面达成共识，还要求关键伙伴稳定的资源承诺。

6.2.2.1　外部网络关系构建与生态系统伙伴选择

建立互补协同的外部资源链路是服务生态系统伙伴选择的基本前提。网络时代在数字技术得到广泛运用的条件下，制造企业常常通过搭建数字平台来建立与外部多元化潜在参与者间的联系，数字平台扩大了制造企业搜索、识别与筛选生态系统伙伴的空间。此外，制造企业可以通过走近客户、供应链成员、中介机构、政府部门、科研单位，甚至是竞争对手或其他行业的优秀企业，与潜在的共创合作者建立线下的联系。事实上，制造企业在搭建外部网络关系的同时，会收获由广泛的沟通交流所带来的新思路、新视野。制造企业跨界服务业、数字产业提供集成的产品与服务不是一时心血来潮的投机行为，而是重大的战略抉择。因此，制造在构建外部关系时，需要以市场潜在需求的精准突破为导向，以开放的心态向外部发出构建合作关系的邀请。这就要求制造企业充分利用网络经济的开放性特征，在全球范围内链接一切可以链接的共创合作者，有布局、有章法地为制造企业的持续创新注入动力，为用户提供新颖的产品服务组合。

制造企业在获取合作伙伴资源的基础上构建新产品服务开发所需的资源基础，但是，生态伙伴关系不是一成不变的，制造企业可以在必要时替代不合时宜的生态伙伴。建立伙伴关系不仅可以起到获得活动资源的作用，更可以实现降低活动的风险与不确定性的作用。能够提供新颖性产品服务组合的制造企业更善于在现有合作关系之外寻求新的合作伙伴，且更加注重对潜在合作者的系统识别与判断。挑选成员建立生态伙伴关系、谋求价值共创既是企业缺乏必要资源情境下的解决方案，也是其更好地减少转型不确定性的战略选择。因此，能否在开放的网络中识别潜在合作者并建立生态伙伴关系成为制约制造企业新颖性产品服务提供的先决条件之一。那些善于对潜在合作者的互补性、兼容性进行系统评估的制造企业，将更可能优先推出新颖性的产品服务、形成更好的产品服务交付成果。

6.2.2.2　生态系统伙伴评价与生态系统伙伴选择

生态系统伙伴选择是通过系统评估筛选服务生态系统伙伴的企业行为（Lütjen et al.，2019），通常需要对潜在伙伴的资源互补性、战略目标契合度与文化兼容性等进行系统评价。共创参与者被链接捆绑在一起的核心机制是行动者间信念、规范的互补与兼容。生态系统伙伴关系的强度决定了制造企业能够获得的资源范围和资源质量，因此，搜寻筛选资源互补、战略目标与文化兼容的生态伙伴从事协同价值共创是制造企业跨界转型，提供新颖性集成产品服务的逻辑起点。资源互补的伙伴关系提高了制造企业价值共创的资源整合效率，战略目标与文化契合的伙伴关系则降低了价值共创中创新协同的复杂度，从而提高新颖性产品服务提供的成功率。可见，制造企业系统评估、匹配生态伙伴的行为越完备，越能够提高跨界转型的成功率。

在企业内部构建合作伙伴评估系统，建立目标和文化兼容、资源和能力协同的伙伴关系，可以确保生态伙伴选择的科学性与有效性。制造企业为达成新的价值主张通过可观察的信息对潜在伙伴进行考察（Jacobides et al.，2018），并将其带入所设想的价值共创位置与角色予以选择，不仅是制造企业对自身优劣势的分析，还是对价值共创活动分工协作结果的预测。选择与目标一致、互惠兼容的行动者达成生态伙伴关系，便于企业依据新的价值主张来协调、部署各项资源和能力，生态伙伴之间的协同一致为提高资源调度与能力配置的效率创造了条件。制造企业生态伙伴选择的目的是达成资源的"链接"以增大其获取互补性资源的机会，并以互动学习最大程度地挖掘资源价值。以契约为基础的生态伙伴关系能够促使以价值共创为目标的资源流动，资源尤其是知识性资源源源不断地注入企业后，制造企业通过各种资源整合尝试来促成新颖性产品服务开发必备能力的生成与更迭（Cui et al.，2015）。可见，生态系统伙伴选择的优劣决定了"赋能"的成败。

6.2.3 资源协奏能力塑造

制造企业通过功能升级与跨产业的模式升级迈向服务业、数字产业的跨界转型需要大量的经济试验和持续的资源承诺（Pillai et al.，2020），与制造企业向更高层次迁移相伴的是一场深度的组织变革。变革并不容易，缺乏跨界转型所需要的能力常常是阻碍制造企业实施跨界转型的主要原因。资源获取、能力生成和能力配置应用分别是资源构建、资源捆绑和资源利用三个资源协奏流程的基本任务。制造企业由提供纯产品过渡到提供更为完整的产品服务系统，需要越来越复杂的资源能力集合的支撑，资源协奏流程则提供了资源向能力的转化路径。资源构建、捆绑、利用的资源管理流程对新颖性产品服务组合的提供起到规范资源行动、提高资源使用效率的作用。制造企业间的资源协奏能力差异由两个因素决定：其一，构建、捆绑、利用的资源管理流程的差异；其二，嵌入在流程中的惯例的差异。

6.2.3.1　资源观转换与资源协奏流程构建

第一，重塑资源管理和使用的思路，使制造企业可以更低的成本完成跨界转型。制造企业跨界进入制造企业并不擅长的服务业或数字产业，往往是高成本的，这需要制造企业重构资源池、重建运营能力。传统资源基础观认为，资源的价值由资源的稀缺性、可用性、可模仿性等资源特征决定。但是，资源协奏观却认为资源的价值取决于资源的使用，而不是初始的资源禀赋条件。换言之，稀缺的、有价值的、难以模仿的资源如果不能在用户价值创造中被使用，对于制造企业而言，再昂贵的资源不能为用户创造价值也是没有价值的，相反，即使被认为是无用的或者废弃的资源，只要能够为用户带来新的价值就是有价值的资源。所以，制造企业改变资源观，重新认识资源的价值对于制造企业提高资源使用效率，低成本、创造性地满足用户需求至关重要。以技术资源为例，通常当以某种技术为依托的产品在市场中逐渐被淘汰时，传统的资源管理观下制造企业会摈弃产品与技术，重新组织资源进入到新的产品领域、新产品技术的研发与新产品服务的设计，这样的做法无疑是高成本的。但是，转换资源管理与资源使用思路后，旧的技术就不再被看作是没有价值的需要被摒弃的资源，相反，可以被用作制造企业开发新产品服务的资源基础。或者说，制造企业可以从寻找旧技术的新应用场景入手，围绕用户向用户提供新的价值主张。

富士胶片公司不断拓展显影、光学、化学材料、光分析等基础技术[①]，发展出高精密涂层技术、纳米分散技术、氧化还原控制技术等 12 项核心技术，并以核心技术为依托根据市场变化不断拓展技术应用场景、调整产品服务结构。虽然民用胶片市场萎缩了，但是富士胶片积累的 12 项核心技术并没有过时，富士胶片将核心技术不断拓展到印刷、成像、护肤等新应用场景，并以提供用户解决方案来获取新的收入来源。比如，富士胶片提供全色或单色墨粉数字印刷机、高分辨率热敏免处理板材等产品，为报社、印刷公司等提供新一代打印管理服务解决方案，为用户创造和提供可持续的价值。再比如，胶片的原料与人类肌肤相同为胶原蛋白，富士胶片使用纳米技术、抗氧化技术和光分析

[①]　资料来源：富士胶片公司官网 https：//www.fujifilm.com.cn/cn/zh - hans.

技术进入化妆品市场。可见，资源本身是没有价值差异的，将资源在适合的场景中重新开发就可以为用户提供新的价值，为企业创造新的收入来源，在降低资源浪费的基础上，巧妙地使资源获得了新生。所以，重塑资源管理和使用的思路，降低制造企业获取资源、使用资源的成本，在不断发现资源新的应用场景中推进制造企业的跨界转型。

第二，在组织中构建起资源协奏的资源管理流程，变偶然发生的资源管理活动为嵌入在明确流程中的企业活动。围绕用户价值主张提高资源使用效率与制造企业资源构建、捆绑与利用的资源管理流程有关。借助一系列组织内部制度安排，将模糊的资源整合行动升级为包含资源构建、捆绑和利用在内的稳定的资源管理流程。按照西蒙（Sirmon，2011）给出的资源管理框架，资源构建、资源捆绑与资源利用的资源管理子流程，均可以再细分为三级流程。资源构建流程的功能是获取、积累与剥离资源以形成资源池，因此，制造企业不仅需要打通制造企业从组织内外部获取资源的通道，还需要在组织中构建资源保留、资源积累与资源剥离的明确机制。资源捆绑流程的功能是针对要提供的价值主张形成必要的能力，这包括现有能力的增强、现有能力的扩展以及创造新的能力。相比而言，创造新的能力最为困难，要求制造企业在捆绑流程中形成新的适用于新目的业务流程、员工技能与行为规范，这是一个不断试错、不断重复积累的过程，需要制造企业内部包容性文化的配合。资源利用流程则需要建立协调机制来形成共同愿景、能力协同与能力配置，这需要制造企业以结构上的调整为前提，为价值共创参与者间的资源能力调用与资源活动协同提供支撑。制造企业的一切资源活动以满足用户价值需求为核心，因此，需要所有的资源管理活动围绕用户展开，当市场上开发新服务的积极市场信号出现时，制造企业可以敏锐捕捉到并主动寻求共创参与者合作及时启动资源流程，才能避免错失新市场机会。

6.2.3.2　惯例积累与资源协奏能力塑造

为避免制造企业跨界转型落入资源使用陷阱，建立规范有序的资源管理流程是跨界成功的必要保障。但是，资源协奏本质上是制造企业的一种动态能力，是企业应对环境变化嵌入在流程中的企业惯例，资源协奏流程的构建是形成资源协奏能力的基础，能力形成的关键则在于企业惯例的保留与传播。或者说，资源管理流程的构建为制造企业重组资源基础、生成并使用新的运营能力提供了硬件条件，嵌入在流程中的惯例积累才是资源协奏能力塑造的关键。

　　第一，在"干中学"中积累被证明是有益的惯例，并使之固化为嵌入在流程中的行为规范。与制造企业跨界转型相匹配的资源协奏能力不是作用于企业内部的能力，而是在服务生态系统内吸收、整合价值共创参与者资源的能力，是以用户价值主张为目标捆绑被整合的资源生成新运营能力的能力，是在价值共创参与者间协调、配置各项与创造用户价值有关能力的能力。因此，资源协奏能力的塑造不是制造企业苦练内功就可以完成的，或者说不是仅涉及制造企业自身就可以通过内部积累的，资源协奏能力需要在每一次价值共创过程中不断试错、不断选择，才能进入惯例的保留与复制阶段。每一次价值共创过程可能会出现不同的资源吸收、能力生成与能力配置问题，或许是源于生态系统伙伴缺乏信任的资源承诺违约，或者是产品服务解决方案提供中用户的突发状况，再或是用户的个性化要求超出了服务生态系统现有的能力与知识储备，更可能是共创参与者间行为意图发生冲突等。每一次制造企业在处理具体的问题时，都会积累到新的知识与方法，形成新的商业实践、工作方法与外部关系，当这些改变了的新方式、新方法、新实践在日后的重复中被验证是有益的，这些新方式、新方法、新实践就会作为新的惯例保留在组织中。可见，"干中学"过程中的偶然性恰恰是造成制造企业间的资源协奏能力差异的主要原因，"见多识广"更有益于制造企业资源协奏能力的积累，在资源协奏流程中实施灵活多变的资源管理实践总是被鼓励的。

　　第二，制造企业资源协奏能力的保留有赖于组织的制度化记忆。社会学习理论认为，惯例的稳定要么存在于已内化的行为中，即惯例作为必要的知识内化于社会化个体，要么存在于严重限制个人自由裁量权的约束结构中。换言之，惯例的保留可以有两条路径，其一是惯例被个体接受以记忆的形式被社会化个体保留，其二是惯例不被个体接受却以被严格执行的制度保留在社会结构中，如果不限制社会化个体的选择行为，那么这种惯例会被具有自由裁量权的社会化个体所摒弃。那么类比可知，有关资源协奏的组织惯例也会以两种不同的方式被保留，一种是内化为组织记忆被价值共创参与者普遍接受内化为流程中每个共创参照者的自主行为，另一种是指制造企业以制度化的形式在价值共创流程加以强制执行，每个价值共创参与者暂时放弃他们的个性，从事被要求的组织活动。当新的方式、方法、实践在组织的日常价值共创中成为理所当然的方面时，惯例的合法性才算得到了保证。可见，如果给予组织员工完全的自由裁量权是很难实现资源协奏能力保留的，这是因为人们总会选择最有利于自己的方式与方法，所以，制造企业资源协奏能力的保留更有赖于组织的制度化记忆。以制度固化嵌入在资源协奏流程中的行为惯例，而不是依靠惯例的自我内化。

6.2.4　产品服务系统创新

产品服务系统（product-service system）是产品服务的统一交付模式，是通过产品与服务的集成来创造高附加值的实现方式，是将单个产品和服务连接或捆绑在一起，通过价值主张导向的产品功能提供而不是物质产品提供来满足用户需求。由于产品服务系统给用户带来的价值取决于功能单元（functional units），也就是，用户为获得的每种功能付费，而不是为产品本身付费。因此，产品服务系统创新（PSS innovation）是制造企业在功能单元上对产品服务系统的拓展，是制造企业对产品服务整合的系统设计。事实上，未经合理设计的产品服务创新会对企业绩效产生负向影响，比如，额外的运输和包装、不被消费者感知的过度创新等，会造成产品服务系统创新成本收益上的不经济。因此，产品服务系统创新不仅仅是为客户实现功能，也是为制造企业产生经济价值（Wallin et al.，2015）。

6.2.4.1　可持续的双元产品服务系统创新

第一，通过双元产品服务系统创新满足攻守兼备的增长目标。制造企业创造性地提供新颖的产品服务系统来满足用户对于集成性产品服务的需求是制造企业跨界转型的最终表现，也是制造企业在竞争中取胜的法宝。根据产品服务系统的新颖程度，可以将产品服务系统创新分为渐进式产品服务系统创新和探索式产品服务系统创新。其中，渐进式产品服务系统创新是对现有产品服务组合进行更新和改良的增量创新。探索式产品服务系统创新涉及创新思维的根本转变、"产品—服务"的重新设计、新的价值创造形式等创新（Bustinza et al.，2020）。渐进式产品服务系统创新是基于企业对用户需求的理解，不断丰富产品服务系统的功能与服务，为用户创造更好的用户体验。而探索式产品服务系统创新是制造企业通过汲取新知识、技术、资源等为用户创造全新用户价值体验的创新。用户作为产品服务系统的最终体验者，只有当用户认为企业的产品服务组合优于其他竞争者时，才会乐意为此付费。制造企业通过改进现有产品和服务的性能，提供被用户视为更高质量的产品服务，才能将自己与竞争对手区分开来，加速企业在现有市场上财务目标的达成。探索性产品服务系统创新是指向未来的全新产品服务的创造，是保持自己区别于竞争对手的手段，通常由于制造企业发明了全新的技术或者提供了完全不同的服务，而使制造企业进入新的市场领域，从而使制造企业获得了持续性成长的机会。虽然产品服务系统创新有一定的产品创新与服务创新集成的内涵，事实上，无论是探索性还是开发性的产品服务系统创新，最终都落脚在产品技术创新、产品流程创新以及服务技术创新与服务流程创新这两个基本的技术创新范畴中。因此，产品服务系统创新需要制造企业全面考虑企业资源能力、企业规模、价值链、市场成熟度、市场竞争强度等内外部因素。

第二，通过可持续的双元产品服务系统创新响应市场需求的变化。产品服务系统创新被认为是一种耦合开放或跨组织边界的思想流动。产品服务系统创新是从提供产品到提供问题解决方案的创新转变，其不仅受商业价值驱动（commercially driven），还是生态有效的创新（eco-efficient innovation），即产品服务系统创新可以为企业带来清洁、智能且具有竞争力的商业机会。尽管产品服务系统创新总是与可持续的企业绩效同时出现，但是，产品服务系统创新并不一定带来企业可持续绩效的增长，即产品服务系统创新既要创造新的商业机会、改善与用户的关系，还要减少成本、提高效率，同时实现环境、社会与价值共创者三方面的共赢（triple win）。可持续的产品服务系统创新是满足环境友好、节约能源、减少排放的产品服务系统的创新，或者说，是同时能够给制造企业带来经济绩效、环境绩效与适应性绩效的创新模式，对环境、对社会负责任的企业公民行为。制造企业选择可持续的双元产品服务系统创新是其响应市场需求变化、减少竞争压力、遵从政策安排的适应性行为选择。越来越严重的环境问题与能源危机，让用户、竞争者以及社会与政府越来越重视企业所提供的产品服务与环境原则是否相容的问题，市场意识的改变使得更符合环境原则的产品服务更能够获得用户的认可。事实上，在探索环境友好、节省能源、减少排放的产品与服务时，往往会为制造企业打开通向新的市场的大门。比如，尼加拉瓜矿泉水公司（Niagara）起初仅是生产矿泉水的制造厂商[①]，为了提供可持续的产品尼加拉瓜矿泉水公司开始从事塑料包装材料的研发与制造，不但解决了矿泉水包装材料的安全、环境友好与循环使用问题，更是进入到包装材料市场为用户提供包装综合解决方案。

6.2.4.2　数据驱动的产品服务系统创新

近年来产品承载了越来越多的智能功能（智能和连接组件），嵌入 PSS 的

---

① 资料来源：尼加拉瓜矿泉水公司官网，http：//www.niagarawater.com/.

服务也变得越来越智能。与传统服务不同，智能服务能够通过以数据驱动的方式智能地识别潜在客户需求，并与客户建立更加紧密的联系。因此，制造企业产品服务系统创新越来越表现为一种数据驱动（data driven）的创新行为（Bustinza，2019）。数据驱动的产品服务系统设计在电子商务、在线教育、医疗卫生等领域得到了广泛的应用。换言之，当前制造企业的产品服务创新是数据赋能的产品服务系统创新。事实上，数据驱动的产品服务系统创新与一般的产品服务系统创新的区别，不仅是以数字分析作为发现创新机会的手段，更重要的是，数字技术已经开始对传统的产品服务系统进行了改写，服务越来越数字化，产品的"软件+硬件"性质越来越凸显，因此数据驱动的产品服务系统创新也会被称为数字驱动的智能产品服务系统创新（data-driven smart product-service system innovation）。

第一，物联网赋能的产品服务系统创新。一方面，物联网提供了设备交互数据，利用设备交互数据制造企业可以通过增加服务来减少产品缺陷、降低成本和提高效率，提高用户的产品服务系统使用体验。物联网对传统人工服务形成了替代，降低了用户成本而且提高了服务的精准度，比如使用物联网对石油公司的输油管道进行实时监控，比使用人工排查输油管潜在风险更加精准，可以大大降低输油管发生险情的概率。所以，物联网赋能的产品服务系统创新可以从改善产品服务的运行效率入手。另一方面，物联网提供了用户与产品进行交互的数据，这些数据暗含了用户对产品服务的使用习惯，通过对这些用户交互数据的挖掘制造企业进行基于用户使用场景的产品服务系统创新。比如，卡特彼勒公司（Caterpillar）在工程车上安装传感器以跟踪每一台设备在建筑工地的使用情况[①]。通过对物联网传回的数据进行分析发现，其用户常常使用平地机（motor graders）来平整较轻的砾石，但是，平地机原本是为平整较重的泥土设计的。因此卡特彼勒公司依据新的用户使用场景推出了一款成本更低主要用于平整砾石而不是泥土的平地机。

第二，数字平台赋能的产品服务系统创新。一方面，深入分析直接链接终端用户的数据平台中的用户交互数据可以帮助制造企业发现新的产品服务系统创新机会。那些提供数字化服务的制造企业可以通过数字平台获得用户使用数字化服务的大数据，可以做出清晰的用户画像，并根据用户的使用习惯提供新

---

① 资料来源：卡特彼勒公司官网，https：//www. cat. com/zh_CN/support/technology. html？_ga = 2. 80723735. 10389093. 1658714928 – 248580620. 1658714928.

的产品服务系统解决方案（PSS solutions）（Constance et al.，2018）。那些不提供数字化服务的制造企业则可以在数字平台所搭建的虚拟社区中收集到用户有关产品服务的抱怨、吐槽等信息，这些信息反映了产品服务中亟待改进的痛点。另一方面，数字平台为选择开放式创新模式的制造企业提供了产品服务系统创新的答案。数字平台上聚集的不仅是用户，还有很多准备好答案的创新合作者。

6.2.4.3　设计思维与产品服务系统创新

产品服务系统创新是制造企业与服务生态系统中的共创参与者通过共创完成的，共创过程的控制直接关系到价值共创的结果。虽然，产品服务系统创新总是持续的，但是，每一项具体项目的创新却有明确的起始时间。从识别创新机会到组织共创过程再到创新结果产出，每一项创新项目都需要严格的过程控制，才能减少不必要的浪费、提高效率。设计思维方法论在产品服务系统创新中的应用，可以在考虑企业资源约束的情况下，深入理解客户需求，并满足客户的情感需求，帮助制造企业避免"价值共毁"的出现。

第一，以用户为中心，是设计思维方法论可以在产品服务系统创新中应用的关键（Scherer，2016）。设计思维的方法论强调以用户为中心、同情心与重新定义问题。制造企业跨界转型过程中的产品服务系统创新，是遵循服务主导逻辑的，以用户为中心的产品服务系统创新过程中。用户需求痛点就是创新要解决的问题，但是，很多时候用户传递的不满并不是真正的问题，这就需要通过与用户的互动找到真正的原因。这一过程就是重新定义问题的过程，是找到真实问题的核心。进行怎样的产品服务系统改进，或者，开创怎样的产品服务组合，需要共创团队以"同情心"去发现解决问题的方案，即将自己设想为用户，"我"需要的产品服务组合就有可能是用户需要的。可见，设计思维方法论是始终围绕用户的，是以互动为基础工具的，因此，设计思维确保了创新结果与用户需求之间的一致性，同时也因为持续的互动可以使共创过程产生更多的新想法与新观点，对创新结果的新颖性产生积极的贡献。

第二，设计思维通过避免不必要的互动来降低"价值共毁"出现的概率。价值共毁是指价值被不公平或片面的创造，或者被无用或浪费的活动所摧毁的情况（Plé，2017）。设计思维方法论将不必要的互动降到了最低，因为只有当顾客有一个真正的问题，或者说企业通过重新定义发现了一个真正有待改进的问题时，互动才有价值。所以，设计思维与精益原则总是不谋而合的，即在出现问题的现场寻找解决问题的办法。在减少不必要的互动后，由于过度互动造成的价值毁坏就得以减少。同时，共情是设计思维方法论的主要工具，共情是创新开发者对用户痛点需求的反思，当创新开发者将自己视为用户时，欺骗或其他不道德的行为就不会出现，这就遏制了价值共毁的出现。数字技术的应用为设计思维方法论的实施提供了便利，使制造企业更容易获得和识别用户的抱怨，也更容易使得制造企业接触到真实用户与用户展开互动。所以，随着用户的数字技术使用习惯逐渐占据优势后，数据分析与设计思维在产品服务系统创新中总是同时需要被考虑的。

6.2.5　商业模式创新

商业模式是组织创造、交付和获取价值的方式，核心模块包括价值创造、价值交付与获取价值。伴随着制造企业从纯产品供应商跨界转型为整合解决方案提供商，制造企业的商业模式也从围绕产品提供转向围绕用户价值发生了彻底转变。所以，制造企业跨界转型总是与商业模式创新有关，或者说，制造企业总是通过推动产品服务系统创新和商业模式创新来达到跨界转型的目的，如前所述，功能升级和跨产业的模式升级就是制造企业跨界转型的关键路径。商业模式成功评价的就是价值创造、价值交付与获取价值的集成表现，而不仅仅是其中的一个模块。商业模式创新描述的是组织调整其业务模型的过程。根据商业模式核心模块的变化定义商业模式创新，可以发现商业模式创新反映了企业围绕用户创造价值、传递价值和获取价值方式的调整或根本变化。

6.2.5.1　用户导向的商业模式创新

第一，商业模式的价值导向从产品向用户调整。制造企业跨界转型是从产品主导逻辑向服务主导逻辑的转化，因此，制造企业首先面对的是商业模式价值导向转换的问题，其次才是商业模式的创新。产品主导逻辑和服务主导逻辑在商业模式上的区别在于，前者以产品为中心，后者以用户为中心，也就是从价值创造、价值传递到价值获取，跨界转型都要求制造企业始终以用户为中心。贴近用户为用户提供价值主张，与外部的合作者共同完成价值共创，选择最有利于用户的方式传递价值，并在用户获得价值最大化的基础上参与价值分配，或者说，以做大用户价值的方式获取价值。所以，从价值创造、价值传递到价值获取，商业模式的核心模块都发生了价值导向上的转换。

第二，始终围绕用户进行商业模式创新。从价值创造、价值传递到价值获取，围绕用户进行改进与调整，在发现商业模式逐渐偏离客户的真正需求时，及时止损。因为用户导向的商业模式是在实现用户价值的基础上，获得社会和企业增值，长期双赢是价值获取的基本准则。有时，制造企业可以通过牺牲短期获益来获得长远收益，比如，短期里让用户获得几乎所有的价值，并保持产品服务的低成本，以确保产品服务被最大限度地采用。虽然，这样会遭受财务上的打击，但是却会让竞争对手的业务完全失去吸引力，从而为制造企业提供一个获得长期竞争优势的机会。很多时候制造企业并不是在原有商业模式上进行调整，而是在进行商业模式的多元化（Geissdoerfer et al.，2018），即在当前商业模式保持不变的条件下增加一个新的商业模式。这是因为制造企业从纯产品供应商跨界转型为综合解决方案提供商，并不会也不需要完全退出以销售商品获得收入的商业模式。事实上，大多数制造企业通过跨界服务业、数字产业获得了新的收入流，但是销售商品仍是其收入的主要来源。比如，喜利得（Hilti）向用户提供定制化的工具管家服务，用户不需要采购、维修、保养和管理的建筑工地电动工具就可以获得工具的使用，为用户节省了时间成本与资金成本。虽然，新模式可以更好地满足客户的需求，但是并不是所有的用户都愿意为机队管家服务付费。因此，时至今日电动工具销售仍然是其收入的主要来源之一。

6.2.5.2　相互作用的产品服务系统创新与商业模式创新

第一，产品服务系统创新与商业模式创新对制造企业跨界转型的重要性不同。跨界转型一定以产品服务系统创新为前提，将产品与服务整合在一起是制造跨界服务业务、数字产业的基本特征。但是，商业模式创新对制造企业跨界转型的重要性却与制造企业跨界转型的模式和发展阶段有关。一般的，当制造企业只是提供产品导向的服务时，商业模式创新的重要性相对较弱，而当制造企业提供使用导向的服务与结果导向的服务时，商业模式创新的重要性显著提升。相对而言，产品服务系统创新比商业模式创新对制造企业跨界转型更重要。事实上，维斯耶克（Visnjic，2016）通过对实证数据的检验也证明，当商业模式创新脱离产品创新时，制造企业的短期利润会增加，长期市场绩效却会下降。

第二，在竞争中，制造企业实施商业模式创新的重点是找到一种方式，让企业能够比竞争对手提供更多的价值。因此，商业模式创新的切入点，要么是以更低的价格提供类似的产品服务，要么是在差异化产品服务中获得更高的利润率，甚至两者兼有。也就是，要么销售附加服务，吸引用户最大限度地使用产品，要么寻找新方法，使用一些服务组件将一次性的产品销售模式转化为产生持续性收益的订阅或租赁等。在商业模式创新中运用精益原则通常也被认为是有益的，这是因为以最小的代价生成解决问题新方案的精益方法，同时强调了用户痛点需求的实时响应以及从"重新定义问题"中生成解决办法这恰恰与以用户为中心的商业模式价值导向的内在要求相一致。精益原则的精髓就是从修复小但重要的用户痛点需求做起，在问题发生的现场解决问题，在一轮又一轮的直接反馈中找到可以被用户接受的解决问题的办法，从而最大限度地减少不必要的浪费、提高效率。

6.3 小 结

从环境互动对策与价值创造对策两方面给出制造企业跨界转型的对策建议。本书认为，环境选择了制造企业的发展趋势，制造企业跨界转型是环境选择下的趋同行为。虽然迁移到服务业不是制造企业的唯一出路，但是随着制造企业向服务业、数字产业跨界行为的扩散，用户的期望也在增长。如果制造企业顺应了跨界转型的趋势，就可以跳上发展的特快列车，以更少的努力创造更多的成功。因此，制造企业需要通过主导逻辑转变与组织结构调整来顺应环境对制造企业组织形式的选择。环境选择企业形式的同时，企业也在进行着适应性学习，不断改变着企业能力以达到与环境变化相匹配的结果。制造企业可以通过构建学习机制与保留机制来促进惯例有意识变异的产生与维持。从价值创造对策上看，制造企业需要从战略导向调整、生态系统伙伴选择、资源协奏能力塑造、产品服务系统创新与商业模式创新五个方面有所作为。

第7章

结论与展望

7.1 研究结论

网络时代，在技术和需求双轮驱动的产业融合趋势下，制造企业卷入跨界进入服务产业的洪流中，数字技术的广泛应用更是加速了制造企业跨界的步伐。因此，制造企业应如何顺应时代发展要求，克服认知与能力阻碍，选择合适的路径推进跨界转型，就是本书关注的核心问题。研究发现：

第一，从产品主导逻辑到服务主导逻辑，制造企业跨界转型是涉及组织目标、组织边界与活动系统等根本性变更的重大战略变革。网络时代产业融合发展的趋势下，制造企业跨界是跨越传统制造产业边界，进入服务业、数字产业甚至其他制造业，提供整合的产品与服务组合的行为。制造企业跨界转型是涉及主导逻辑转换的重大战略变革，是导致组织目标宽度扩大、目标领域转向、横纵向边界模糊以及产品服务系统创新与商业模式创新等组织活动发生根本性变更的实质性变革。制造企业通过创造性地整合产品与服务来提供用户价值主张，在为利益相关者创造经济、社会、环境价值的同时，为自己创造新的收入来源。由于仅靠制造企业自身的资源很难提供完整的用户价值主张，因此，制造企业以构建服务生态系统的模式来组织拥有不同资源的共创参与者共同进行价值创造。而整个价值共创的过程就是不同创意、不同技术、不同知识发生融合，激发新技术、新知识、新惯例的过程。换言之，制造企业跨界转型颠覆了制造企业现有的组织形式、组织知识与组织惯例，形成了相关的新形式、新知识和新惯例。服务化、数字化以及数字服务化是制造企业跨界转型的具体形式。

第二，制造企业跨界转型既是被环境的选择决定的，也是由应对环境变化企业能力的适应性演化推动的，环境选择使得跨界成为制造企业的趋同行为，企业能力的适应性演化却创造了企业间跨界转型绩效的差异。一方面，制造企业从传统制造领域向服务业、数字产业跨界是制造企业对环境选择的顺应。技术环境、市场环境、竞争环境与制度环境的变化使得制造企业跨界成为一种趋势，面对强大的外部压力顺应环境对企业形式的选择往往是成本最低的。虽然，将业务迁移至服务业或数字产业可能不是制造企业的唯一出路，但是随着跨界行为的扩散，用户对企业提供集成的产品与服务的期望不断增长。如果制造企业顺应了跨界趋势，就可以跳上发展的特快列车，以更少的努力获得更多的成绩。按照组织生态学的核心观点，现有组织发生的大部分变化不是某些组织适应变化的结果，而是一种类型的组织取代另一种类型组织的结果。另一方面，资源协奏能力的适应性演化是制造企业应对环境变化的适应性改变，并最终决定了制造企业跨界转型绩效的高低。资源协奏能力的适应性调整以识别生存机会为前提，因此，企业对外部环境变化的适应过程从改变企业认知开始，制造企业跨界转型的成效被企业对认知障碍与能力障碍的克服决定。所以，制造企业跨界转型这一重大战略变革得以触发和实现的理论机制就是建构在环境适应下的以认知重构与能力重构为基础的价值创造。

第三，跨界转型绩效的高低更多取决于企业内部的资源管理效力，而不是外部动荡环境所赋予的企业机遇。使用调查数据证明，在当前跨界转型已经成为趋势的条件下，制造企业在战略意图上对市场与技术的倾斜，比对创业的倾斜，能更有效地促进资源构建、资源捆绑与资源利用对制造企业跨界转型经济绩效与适应性绩效的直接与间接影响，即制造企业接受变化承担风险的倾向对企业资源使用方向的驱动作用较弱，也未产生有利于企业跨界转型经济绩效和适应性绩效的结果。这是因为，样本企业的跨界转型还未发展到提供复杂整合解决方案的阶段，创业导向的战略先导作用尚未显现，需要等待持续推进的企业跨界转型实践来加以验证。动态能力本质的资源协奏，其演化是不断与环境交互而发生的，因此，环境动荡性正向调节战略导向对资源协奏是正向影响的。但是，在跨界转型成为绝大多数制造企业的共同选择趋势下，环境动荡性却不是导致制造企业跨界转型绩效差异的原因，企业内部与环境相连接的加工过程，即动态能力的不同才是导致绩效差异的关键。同时，研究证明当制造企业的组织结构缺乏弹性、技术创新投入活跃且在对供应链享有较高控制权时，制造企业跨界转型的意愿会大大下降，即组织结构刚性强、企业拥有技术优势以及对供应链享有控制权都造成了制造企业对维持惯性的青睐。由于大量样本企业仍处在数字化变革初期，数字化投入主要集中于业务流程的数字化，业务流程的数字化投资虽然提高了流程效率、降低了流程成本，但是，只有在制造企业进入到数字化转型成熟阶段，企业具备了大数据分析能力，形成了基于数据的决策流程，数字化对制造企业跨界绩效提升的贡献才是显著的。

第四，虽然环境变化使制造企业的组织形式走向趋同，但是制造企业跨界转型的路径却因企业所嵌入情景的不同而有所差异，即制造企业跨界转型的路径选择需与跨界模式、跨界阶段及产业特性相匹配。功能升级与跨产业的模式升级是"制造 + 服务"模式下制造企业跨界的两条可选路径，功能升级改变了制造企业在价值链中的位置，是制造企业价值链的重构；跨产业的模式升级路径是以提供使用导向的服务和结果导向的服务为目的的商业模式变更。"制造 + 服务 + 数字"模式下，制造企业的功能升级与跨产业的模式升级依赖于企业对设备交互数据和用户交互数据的分析，在提供"硬件 + 软件 + 服务"的产品服务组合时，数据驱动提升了功能升级的效率，提高了跨产业的模式升级中新服务的发现概率。在制造企业跨界转型的第一阶段，制造企业主要以构建"以我为主"的服务生态系统来围绕用户提供产品服务一体化的整合解决方案。至跨界转型的第二阶段，制造企业逐渐进入其他制造与服务领域，通过互补性产品与服务的提供拓展用户价值主张，构建内部创业生态系统是推进跨界目标达成的关键。从制造企业所处产业的技术特性来看，技术标准化、模块化的发展降低了用户与企业在产品技术知识上的差异，用户的自我服务形成了对企业服务的替代，特别是在数字化服务出现后，制造企业的服务成本大大下降；相反，技术复杂化、融合化的发展则增强了服务在产品服务系统中的重要性。研究同时发现，跨界是起到战略枢纽作用的战略安排，其不仅是制造企业获得新收入源的途径，更是传统制造产业蜕变升级的具体策略。产业发展的不同阶段为制造企业跨界创造了不同的外部环境，制造企业可以通过不同路径来响应产业演化，即使是在产业衰退期，跨界也是可以起到战略枢纽作用的战略安排，为衰退期的制造产业蜕变升级创造契机。所以，制造企业在产业发展的不同生命周期可以选择不同的路径来完成跨界以适应市场与技术的发展要求。

第五，环境塑造了制造企业的组织形式与企业能力，因此推进制造企业的跨界转型需要同时从环境互动对策与价值创造对策两方面来设计具体措施。环境选择了制造企业的发展趋势，制造企业跨界是环境选择下的企业趋同行为，不能与时代同步就会惨遭时代淘汰。因此，制造企业需要采取主导逻辑转变与组织结构调整来顺应环境对制造企业跨界转型组织形式的选择。环境选择企业形式的同时，企业也在进行着适应性学习，不断推进企业能力演化以达到与环境变化相匹配的结果。制造企业可以通过构建二元学习机制与制度化的保留机制来促进有意识的惯例变异的产生与维持。从价值创造对策上看，在以用户为中心的服务主导逻辑下，制造企业需从战略导向调整、生态系统伙伴选择、资源协奏能力塑造、产品服务系统创新与商业模式创新五个方面有所作为。当制造企业跨界提供整合的产品服务解决方案时，需要通过整合价值创造参与者资源来完成价值创造，但是资源整合却没有解释新的能力的产生，资源协奏流程的构建则解决了提供新产品服务所需能力不足的问题，产品服务系统创新与商业模式创新是资源协奏产生的结果，也是实现制造企业跨界转型的具体手段。

7.2　研究创新点

第一，明确界定了制造企业跨界转型，对制造企业跨界转型绩效进行了操作化测量，澄清了制造企业跨界转型与制造企业服务化、数字化、数字服务化的关系。研究拓展了奥德里奇（Aldrich，2006）的转型界定维度，将主导逻辑增加到以组织目标、组织边界和活动系统为核心的转型界定框架中。认为制造企业跨界转型是涉及主导逻辑转换的重大战略变革，是导致组织目标宽度扩大、组织目标领域转向、横向纵向组织边界模糊以及产品服务系统创新与商业模式创新等组织活动发生根本性变更的实质性变革。跨界转型改变了制造企业的运营效率、新价值创造或新收入来源以及对环境变化的适应，因此制造企业跨界转型绩效不只反映变革后经济绩效的变化，还反映变革后制造企业的环境适应性。研究借鉴施塔贝尔（Staber，2002）对适应性绩效的定义与操作化，对跨界转型适应性绩效进行了定义构造与变量操作化。进一步地，研究对制造企业服务化、数字化与数字服务化等当前热点变革研究与制造企业跨界转型的关系予以澄清，指出服务化、数字化以及数字服务化均为制造企业跨界转型的具体形成表现。

第二，对作为开放系统的制造企业与环境的互动关系进行了辨析，解释了环境影响制造企业跨界转型的两种机制，一是环境选择机制，即环境变化造成了企业形式的趋同，二是环境适应机制，即制造企业更新能力以适应环境变化。将组织生态理论与演化理论进行了结合，解释了制造企业跨界转型是时代选择的产物，也解释了相同企业模式下个体组织间存在绩效差异的原因是能力的适应性演化。一方面，研究将制造企业跨界转型机制的研究从企业能力视角拓展到开放的环境与企业互动视角，回答了为什么制造企业跨界服务业、数字产业是时代必然的问题。另一方面，研究借鉴演化理论的能力适应性更新的观点，在环境互动机制与价值创造机制间构建起桥梁，通过能力演化解释了为什么制造企业从环境中获取资源、加工资源的差异是导致个体组织差异的原因。

第三，将价值共创理论与演化理论的观点相结合，拓展了以往研究对价值共创的认知，价值共创不只是一个资源整合的过程，更是能力演化升级的过程。制造企业从传统业务领域进入服务、数字等其他业务领域，不仅是一场涉及知识的资源重构过程，也是一场从产品提供向产品服务系统提供的能力重构过程。价值共创理论仅强调了共创参与者之间的资源整合，却没有解释新的资源功能的出现。整合了资源管理和资产协奏研究框架的资源协奏为解答价值共创过程中的能力生成与重构提供了理论工具。动态能力本质的资源协奏，反映了制造企业根据环境变化获取资源、捆绑资源生成能力以及利用能力的资源管理流程，对制造企业是如何克服能力束缚的问题给出了明确回答。同时，研究强调了不同战略导向对企业跨界转型的联合影响，与以往关注各战略导向单独效应的研究不同，研究认为不同战略导向不是替代关系，而是一套互为补充的措施，同时采用市场导向与技术导向的制造企业将获得更高的跨界转型绩效。

第四，对制造企业跨界转型的路径进行了探索，认为制造企业跨界路径的选择需与跨界模式、跨界阶段以及产业特性相匹配。结合大量企业成功实践，在对情景与制造企业跨界转型路径的关系给予充分讨论的基础上，给出了不同情景下制造企业跨界转型的差异化路径，为制造企业的转型实践提供参考。制造企业跨界转型虽然在各个制造产业中具有普遍性，但是，跨界服务业、数字产业甚至其他互补性制造产业的程度、方式与阶段却是因"企"而异的。提出依据跨界模式、跨界阶段以及产业特性的跨界转型思路，将路径设计多样化、分层化。打破思维惯性，将权变思想应用到制造业企业跨界转型的路径选择上，提出新的解决路径。使研究问题的导向性得以强化，并且可以增强研究成果的实际应用价值。

7.3　研究不足与展望

首先，战略选择理论认为企业实施某种战略是企业家或高层管理团队的选择，毕竟从企业决策过程来看，高管是企业决策的真正实施者，特别是在变革中，企业家或企业高管的作用是不容忽视的。研究不论是对于创业导向等战略导向，还是资源协奏的动态能力的考察，始终以制造企业为研究对象，并且证明了在跨界转型成为一种潮流时，创业导向对于制造企业跨界转型绩效的影响不显著。研究没有采用跨层次的研究范式，未对企业家创业导向对于制造企业跨界转型绩效的影响进行检验，虽然企业创业导向与企业家创业导向在概念内涵上有一定的相似性，但是，企业创业导向反映的却是整个企业的战略倾向性，并不是企业家个人对风险、创新的态度。未来研究可以设计跨层次的分析模型就跨界转型中企业家的作用予以讨论。

其次，研究在对理论机制进行实证检验中，控制了结构刚性并证明了结构刚性对制造企业跨界转型绩效的负向影响，将研究聚焦到环境与企业的关系以及认知障碍克服、能力障碍克服对制造企业跨界转型绩效的影响上。这样处理的好处是，在模型复杂程度可以被接受的情况下，对三种战略导向、三个维度的资源协奏与两类制造企业跨界转型绩效的关系进行详细讨论。不足是，在模型中仅对结构刚性进行了控制，没有对结构与战略的匹配做进一步分析。未来研究可以在发展结构概念维度的基础上，就不同结构维度与战略的一致性对制造企业跨界转型绩效的影响进行分析，进而就制造企业跨界转型中的结构调整给出更具体的对策建议。

最后，研究选择了将价值共创理论与演化理论相结合，采用资源协奏概念揭示了价值共创过程中制造企业整合服务生态系统合作伙伴资源，并生成、利用跨界相关运营能力的能力阻碍克服过程，但是，适应性学习理论从知识发展、知识变更角度也对新的能力的生成进行了解释。且实证结果也表明，在环境动荡性较低时，资源协奏的中介作用不是完全的。所以，未来研究可以应用适应性学习理论，就战略学习在战略导向与制造企业跨界转型绩效间的关系进行讨论。

参 考 文 献

[1] 曹江涛，苗建军．模块化时代企业边界变动研究 [J]．中国工业经济，2006（8）：85－92．

[2] 长青，郭松明，马萍，张璐，姜宇婷，刘运韬．主导逻辑对商业模式创新的作用机理：基于动态资源管理视角 [J]．科研管理，2021，42（12）：45－55．

[3] 陈国亮，唐根年．基于互联网视角的二三产业空间非一体化研究：来自长三角城市群的经验证据 [J]．中国工业经济，2016（8）：76－92．

[4] 陈剑，黄朔，刘运辉．从赋能到使能——数字化环境下的企业运营管理 [J]．管理世界，2020，36（2）：117－128＋222．

[5] 陈昀，贺远琼，周琪．基于用户需求链的制造企业服务创新研究 [J]．管理世界，2018，34（12）：184－185．

[6] 池毛毛，叶丁菱，王俊晶等．我国中小制造企业如何提升新产品开发绩效——基于数字化赋能的视角 [J]．南开管理评论，2020，23（3）：63－75．

[7] 冯文娜，姜梦娜，孙梦婷．市场响应、资源拼凑与制造企业服务化转型绩效 [J]．南开管理评论，2020，23（4）：84－95．

[8] 冯文娜．互联网经济条件下的企业跨界：本质与微观基础 [J]．山东大学学报（哲学社会科学版），2019（1）：107－117．

[9] 冯永春，崔连广，张海军，刘洋，许晖．制造商如何开发有效的客户解决方案？[J]．管理世界，2016（10）：150－173．

[10] 高腾飞，陈刚．国内外数字服务化比较研究：基于知识图谱的可视化分析 [J]．科技管理研究，2021，41（18）：146－155．

[11] 葛宝山，续媸特．左右互搏：创业机会与资源共生演化机理研究 [J]．科学学研究，2020，38（8）：1417－1427．

[12] 辜胜阻，曹冬梅，李睿．让"互联网＋"行动计划引领新一轮创业浪潮

[J]. 科学学研究，2016，34（2）：161 - 165 + 278.

[13] 胡查平，汪涛，朱丽娅. 制造业服务化绩效的生成逻辑——基于企业能力理论视角 [J]. 科研管理，2018，39（5）：131 - 139.

[14] 胡有林，韩庆兰. 顾客参与对产品服务系统创新绩效的影响研究——基于产品与服务组合的调节分析 [J]. 管理评论，2018，30（12）：76 - 88.

[15] 黄群慧，贺俊. 中国制造业的核心能力、功能定位与发展战略 [J]. 中国工业经济，2015（6）：5 - 17.

[16] 简兆权，李雷，柳仪. 服务供应链整合及其对服务创新影响研究述评与展望 [J]. 外国经济与管理，2013，35（1）：37 - 46.

[17] 简兆权，令狐克睿，李雷. 价值共创研究的演进与展望——从"顾客体验"到"服务生态系统"视角 [J]. 外国经济与管理，2016，38（9）：3 - 20.

[18] 金碚. 工业的使命和价值：中国产业转型升级的理论逻辑 [J]. 中国工业经济，2014（9）：51 - 64.

[19] 孔海东，张培，刘兵. 价值共创行为分析框架构建——基于赋能理论视角 [J]. 技术经济，2019，38（6）：99 - 108.

[20] 孔维杰. 制造业企业转型升级影响因素研究 [J]. 管理世界，2012（9）：120 - 131.

[21] 李海舰，李燕. 企业组织形态演进研究——从工业经济时代到智能经济时代 [J]. 经济管理，2019，41（10）：22 - 36.

[22] 李平，孙黎. 集聚焦跨界于一身的中流砥柱：中国"精一赢家"重塑中国产业竞争力 [J]. 清华管理评论，2021（12）：76 - 83.

[23] 李文莲，夏健明. 基于"大数据"的商业模式创新 [J]. 中国工业经济，2013（5）：83 - 95.

[24] 刘明达，顾强. 从供给侧改革看先进制造业的创新发展——世界各主要经济体的比较及其对我国的启示 [J]. 经济社会体制比较，2016（1）：19 - 29.

[25] 罗建强，蒋倩雯. 数字化技术作用下产品与服务创新：综述及展望 [J]. 科技进步与对策，2020，37（24）：152 - 160.

[26] 罗珉，李亮宇. 互联网时代的商业模式创新：价值创造视角 [J]. 中国工业经济，2015（1）：95 - 107.

［27］罗仲伟，任国良等．动态能力、技术范式转变与创新战略［J］．管理世界，2014（8）：152－168．

［28］毛蕴诗等．企业转型升级：中国管理研究的前沿领域［J］．学术研究，2015（1）：71－82．

［29］苏敬勤，林菁菁，张雁鸣．企业产品平台独立性差异及影响机理——一个对比案例研究［J］．科研管理，2019，40（10）：220－229．

［30］王德鲁，张米尔，周敏．产业转型中转型企业技术能力研究评述——兼论转型企业技术能力再造途径［J］．管理科学学报，2006（3）：74－80．

［31］王核成，王思惟，刘人怀．企业数字化成熟度模型研究［J］．管理评论，2021，33（12）：152－162．

［32］王毅，陈劲，许庆瑞．企业核心能力：理论溯源与逻辑结构剖析［J］．管理科学学报，2000（3）：24－32＋43．

［33］吴家曦，李华燊．浙江省中小企业转型升级调查报告［J］．管理世界，2009（8）：1－5＋9．

［34］吴瑶，肖静华，谢康，廖雪华．从价值提供到价值共创的营销转型——企业与消费者协同演化视角的双案例研究［J］．管理世界，2017（4）：138－157．

［35］吴义爽等．基于互联网＋的大规模智能定制研究——青岛红领服饰与佛山维尚家具案例［J］．中国工业经济，2016（4）：127－143．

［36］武文珍，陈启杰．价值共创理论形成路径探析与未来研究展望［J］．外国经济与管理，2012，34（6）：66－74．

［37］许晖，李文．高科技企业组织学习与双元创新关系实证研究［J］．管理科学，2013，26（4）：35－45．

［38］杨善林，周开乐．大数据中的管理问题：基于大数据的资源观［J］．管理科学学报，2015，18（5）：1－8．

［39］余东华，芮明杰．基于模块化网络组织的价值流动与创新［J］．中国工业经济，2008（12）：48－59．

［40］张艾莉，张佳思．以"互联网＋"为驱动的制造业创新能力评价［J］．统计与信息论坛，2018，33（7）：100－106．

［41］张洪，鲁耀斌，张凤娇．价值共创研究述评：文献计量分析及知识体系构建［J］．科研管理，2021，42（12）：88－99．

［42］张轶伦，牛艺萌，叶天竺，江志斌．新信息技术下制造服务融合及产品

服务系统研究综述 [J]. 中国机械工程, 2018, 29 (18): 2164 – 2176.

[43] 赵宸宇. 数字化发展与服务化转型——来自制造业上市公司的经验证据 [J]. 南开管理评论, 2021, 24 (2): 149 – 161.

[44] 赵馨智, 刘亮, 蔡鑫. 工业产品服务系统的创新策略——基于能力需求/供给匹配视角 [J]. 科学学研究, 2014, 32 (7): 1106 – 1113.

[45] 赵振. "互联网 +"跨界经营: 创造性破坏视角 [J]. 中国工业经济, 2015 (10): 146 – 160.

[46] 朱秀梅, 林晓玥, 王天东. 企业数字化转型战略与能力对产品服务系统的影响研究 [J]. 外国经济与管理, 2022, 44 (4): 137 – 152.

[47] Adrodegari F., Alghis, A., Ardolin, M., Saccan, N. From ownership to service-oriented business models: A survey in capital goods companies [J]. Procedia CIRP, 2015, 30 (2): 245 – 250.

[48] Ahmad N. H., Nasurdin A. M., Mohamed S. R. The role of organizational internal ecosystem in fostering intrapreneurship spirit [J]. World Review of Business Research, 2011, 1 (5): 38 – 51.

[49] Aku V. Explaining servitization failure and deservitization: A knowledge-based perspective [J]. Industrial Marketing Management, 2017, 60 (1): 138 – 150.

[50] Aldrich H. E., Martin R. Organizations evolving [M]. Thousand Oaks, CA: Sage, 2006.

[51] Ansoff H. I., Sullivan P. A. Optimizing Profitability in Turbulent Environments: A Formula for Strategic Success [J]. Long Range Planning, 1993, 26 (5): 11 – 23.

[52] Badrinarayanan V., Ramachandran I., Madhavaram S. Resource orchestration and dynamic managerial capabilities: focusing on sales managers as effective resource orchestrators [J]. Journal of Personal Selling & Sales Management, 2019, 39 (1): 23 – 41.

[53] Baines T., Lightfoot H. Made to serve: How manufacturers can compete through servitization and product-service systems [M]. John Wiley & Sons, 2013.

[54] Barnett W. P., Michael W. From red Vienna to the anschluss: Ideological competition among Viennese newspapers during the rise of national socialism

[J]. American Journal of Sociology, 2004, 109, (6): 1452 – 1499.

[55] Baumann O., Eggers J. P., Stieglitz N. Colleagues and competitors: How internal social comparisons shape organizational search and adaptation [J]. Administrative Science Quarterly, 2019, 64 (2): 275 – 309.

[56] Baum J. A. C., Shipilov A. V. Ecological approaches to organizations [C]. In Clegg S., Hardy C., Nord W. (eds), Handbook of Organization Studies [A]. Publisher: Sage, 2006: 55.

[57] Bernstein B., Singh P. J. An integrated innovation process model based on practices of Australian biotechnology firms [J]. Technovation, 2006, 26 (5 – 6): 561 – 572.

[58] Bettencourt L. A., Lusch R. F., Vargo S. L. A Service Lens on Value Creation [J]. California Management Review, 2014, 57 (1): 44 – 66.

[59] Boisot M., Child J. The iron law of fiefs: Bureaucratic failure and the problem of governance in the Chinese economic reforms [J]. Administrative Science Quarterly, 1988, 33 (4): 507 – 527.

[60] Boso N., Oghazi P., Cadogan J. W., et al. Entrepreneurial and market-oriented activities, financial capital, environment turbulence, and export performance in an emerging economy [J]. Journal of Small Business Strategy, 2016, 26 (1): 1 – 24.

[61] Boso N., Story V. M., Cadogan J. W. Entrepreneurial orientation, market orientation, network ties, and performance: Study of entrepreneurial firms in a developing economy [J]. Journal of Business Venturing, 2013, 28 (6): 708 – 727.

[62] Brax S., Visintin F. Meta-model of servitization: the integrative profiling approach [J]. Industrial Marketing Management, 2017, 60 (4): 17 – 32.

[63] Brynjolfsson E. The productivity paradox of information technology [J]. Communications of the ACM, 1993, 36 (12): 66 – 77.

[64] Bustinza O. F., Gomes E., Vendrell – Herrero F., et al. Product-service innovation and performance: the role of collaborative partnerships and R&D intensity [J]. R&D Management, 2019, 49 (1): 33 – 45.

[65] Bustinza O. F., Vendrell – Herrero F., Gomes E. Unpacking the effect of strategic ambidexterity on performance: A cross-country comparison of

MMNEs developing product-service innovation［J］. International Business Review, 2020, 29（6）: 101569.

［66］ Cantner U., Cunningham J. A., Lehmann E. E., et al. Entrepreneurial ecosystems: a dynamic lifecycle model［J］. Small Business Economics, 2021, 57（6）: 407 –423.

［67］ Carnes C. M., Chirico F., Hitt M. A., et al. Resource orchestration for innovation: structuring and bundling resources in growth-and maturity-stage firms［J］. Long Range Planning, 2017, 50（4）: 472 –486.

［68］ Castellano, Eduardo & Lopez, Urko. A Servitization roadmap for Basque manufacturing SMEs［Z］. Working Paper, Conference: Spring Servitization Conference 2020, At: Birmingham, UK.

［69］ Cavallo A., Ghezzi A., Balocco R. Entrepreneurial ecosystem research: present debates and future directions［J］. International Entrepreneurship and Management Journal, 2019, 15（4）: 1291 –1321.

［70］ Chakkol M., Johnson M., Raja J., et al. From goods to solutions: How does the content of an offering affect network configuration?［J］. International Journal of Physical Distribution & Logistics Management, 2014, 44（1 –2）: 132 –154.

［71］ Chen C. L. Cross-disciplinary innovations by Taiwanese manufacturing SMEs in the context of Industry 4. 0［J］. Journal of Manufacturing Technology Management, 2020.

［72］ Christian K., Heiko G., Bart K., Glenn P. Servitization and Deservitization: Overview, concepts, and definitions［J］. Industrial Marketing Management, 2017, 60（1）: 4 –10.

［73］ Clayton M. C., Taddy H., Karen D., David S. D. Know Your Customers' "Jobs to Be Done"［J］. Harvard Business Review, 2016（9）: 1 –10.

［74］ Constance E. H., Ruth S. R. Dynamic and integrative capabilities for profiting from innovation in digital platform-based ecosystems［J］. Research Policy, 2018, 47（8）: 1391 –1399.

［75］ Coreynen, W., Matthyssens, P., Vanderstraeten, J., Van Witteloostuijn, A. Unravelling the internal and external drivers of digital servitization: A dynamic capabilities and contingency perspective on firm strategy［J］. Industrial

Marketing Management, 2020, 18 (11): 1 – 13. 10. 1016/j. indmarman. 2020. 02. 014.

[76] Cox A. Power, value and supply chain management [J]. Supply Chain Management: An International Journal, 1999, 4 (4): 167 – 175.

[77] Cui M., Pan S. L. Developing focal capabilities for e-commerce adoption: A resource orchestration perspective [J]. Information & Management, 2015, 52 (2): 200 – 209.

[78] Cusumano M., Kahl S., Suarez F. Industry evolution and the competitive strategies of product firms [J]. Strategic Management Journal, 2015, 36 (4): 559 – 575.

[79] Dubey R., Gunasekaran A., Childe S. J., et al. Big data analytics and artificial intelligence pathway to operational performance under the effects of entrepreneurial orientation and environmental dynamism: A study of manufacturing organisations [J]. International Journal of Production Economics, 2020 (226): 107599.

[80] Emery F. E., Trist E. L. The causal texture of organizational environments [J]. Human Relations, 1965, 18 (1): 72 – 82.

[81] Erguido A., Crespo A., Castellano E., Gómez J. F. A dynamic opportunistic maintenance model to maximize energy-based availability while reducing the life cycle cost of wind farms [J]. Renewable Energy, 2017 (114): 843 – 856.

[82] Frow P., McColl – Kennedy J. R., Payne A., Govind R. Service ecosystem well-being: conceptualization and implications for theory and practice [J]. European Journal of Marketing, 2019, 53 (12): 2657 – 2691.

[83] Galvagno M., Dalli D. Theory of value co-creation: a systematic literature review [J]. Managing Service Quality: An International Journal, 2014, 24 (6): 643 – 683.

[84] Geissdoerfer M., Vladimirova D., Evans S. Sustainable business model innovation: A review [J]. Journal of Cleaner Production, 2018 (198): 401 – 416.

[85] Gereffi G., Memedovic O. The global apparel value chain: What prospects for upgrading by developing countries [M]. Vienna: United Nations Industri-

al Development Organization, 2003.

[86] Gianluigi G. , Tobias K. , Deepak S. , Brian W. A Resource-based Theory of Hyperspecialization and Hyperscaling in Post Chandlerian Digital Firms [R]. Working paper, 2021, University of Michigan.

[87] Gomes E. , Lehma, D. W. , Vendrell – Herrero F. , Bustinza O. F. A history-based framework of servitization and deservitization [J]. International Journal of Operations & Production Management, 2021, 41 (5): 723 – 745.

[88] Gordon S. S. , Stewart J. , Sweo R. , et al. Convergence versus strategic reorientation: The antecedents of fast-paced organizational change [J]. Journal of Management, 2000, 26 (5): 911 – 945.

[89] Greve H. R. Positional rigidity: Low performance and resource acquisition in large and small firms [J]. Strategic Management Journal, 2011, 32 (1): 103 – 114.

[90] Griffin M. A. , Neal A. , Parker S. K. A new model of work role performance: Positive behavior in uncertain and interdependent contexts [J]. Academy of Management Journal, 2007, 50 (2): 327 – 347.

[91] Hakala H. Strategic orientations in management literature: Three approaches to understanding the interaction between market, technology, entrepreneurial and learning orientations [J]. International Journal of Management Reviews, 2011, 13 (2), 199 – 217.

[92] Hannan M. T. , Carroll G. R. , Pólos, L. The organizational niche [J]. Sociological Theory, 2003, 21 (4): 309 – 340.

[93] Hannan M. T. , Freeman J. H. The ecology of organizational mortality: American labor unions, 1836 – 1985 [J]. American Journal of Sociology, 1988, 94 (1): 25 – 52.

[94] Hein A. , Schreieck M. , Riasanow T. , et al. Digital platform ecosystems [J]. Electron Markets, 2020, 30 (12): 87 – 98.

[95] Hu L. , Gu J. , Wu J. , Lado A. A. Regulatory focus, environmental turbulence, and entrepreneur improvisation [J]. International Entrepreneurship and Management Journal, 2018, 14 (1): 129 – 148.

[96] Humphrey J. , Schmitz H. Chain governance and upgrading: Taking stock [C]. In Schmitz H. (ed.) Local enterprises in the global economy: Issues of

governance and upgrading [M]. Chehenham: Elgar, 2004: 349 – 381.

[97] Humphrey J. , Schmitz H. How does insertion in global value chains affect up-grading in industrial clusters? [J]. Regional Studies, 2002, 36 (9), 1017 – 1027.

[98] Ibarra – Cisneros M. A. , Demuner – Flores M. d. R. , Hernández – Perlines F. Strategic orientations, firm performance and the moderating effect of absorptive capacity [J]. Journal of Strategy and Management, 2021, ahead-of-print.

[99] Jacobides M. G. , Cennamo C. , Gawer A. Towards a theory of ecosystems [J]. Strategic Management Journal, 2018, 39 (8): 2255 – 2276.

[100] James R. , Margarethe F. Wiersema. A resource-based approach to the multi-business firm: Empirical analysis of portfolio interrelationships and corporate financial performance [J]. Strategic Management Journal, 1995 (16): 277 – 299.

[101] Jeong D. , Cho K. , Park S. , Hong S. Effects of knowledge diffusion on in-ternational joint research and science convergence: Multiple case studies in the fields of lithium-ion battery, fuel cell and wind power [J]. Technological Forecasting and Social Change, 2016 (108): 15 – 27.

[102] Joel W. How digitization has created a golden age of music, movies, books, and television [J]. Journal of Economic Perspectives, 2017, 31 (3): 195 – 214.

[103] Josina V. , Kaisa K. , Bard T. , Bo E. Service Ecosystem Design: Proposi-tions, Process Model, and Future Research Agenda [J]. Journal of Service Research, 2021, 24 (2): 168 – 186.

[104] Kaartemo V. , Akaka M. A. , Vargo S. L. A service-ecosystem perspective on value creation: Implications for international business [A]. in Marinova S. , Larimo J. , Nummela N. editor, Value creation in international business [M]. Springer International Publishing, 2017: 131 – 149.

[105] Kamalaldin, A. , Linde, L. , Sjödin, D. , & Parida, V. Transforming provider customer relationships in digital servitization: A relational view on digitalization [J]. Industrial Marketing Management, 2020, 89 (11): 306 – 325.

［106］ Kaplinsky, R. and Morris, M. A handbook for value chain research ［M］. Univeristy of Sussex, Brighton, 2001.

［107］ Karadzic V. , Antunes P. , Grin J. 'How to learn to be adaptive?' An analytical framework for organizational adaptivity and its application to a fish producer' organization in Portugal ［J］. Journal of Cleaner Production, 2013, 45 (4): 29 – 37.

［108］ Ketchen D. J. , Wowak K. D. , Craighead C. W. Resource gaps and resource orchestration shortfalls in supply chain management: The case of product recalls ［J］. Journal of Supply Chain Management, 2014, 50 (3): 6 – 15.

［109］ Kickul J. , Griffiths M. D. , Gundry L. Innovating for social impact: Is bricolage the catalyst for change? ［J］. Entrepreneurship Theory and Practice, 2010, 25 (1): 64 – 87.

［110］ Kim K. , Watkins K. E. , Lu Z. The impact of a learning organization on performance: Focusing on knowledge performance and financial performance ［J］. European Journal of Training and Development, 2017, 41 (2): 177 – 193.

［111］ Kohtamaki, M. , Baines, T. , Rabetino, R. , Bigdeli, A. Z. , Kowalkowski, C. , Oliva, R. , & Parida, V. Theoretical landscape in servitization ［C］. In M. Kohtamäki, T. Baines, R. Rabetino, A. Bigdeli, C. Kowalkowski, R. Oliva, & V. Parida (Eds.), The Palgrave Handbook of Servitization ［M］. Palgrave McMillan, 2021.

［112］ Kohtamaki M, Parida V, Oghazi P, et al. Digital servitization business models in ecosystems: A theory of the firm ［J］. Journal of Business Research, 2019, 104 (11): 380 – 392.

［113］ Korkeamaki, L. , Kohtamaki, M. , Parida, V. Worth the risk? The profit impact of outcome-based service offerings for manufacturing firms ［J］. Journal of Business Research, 2021, 131 (7): 92 – 102.

［114］ Kowalkowski C. , Gebauer H. , Kamp B. , et al. Servitization and deservitization: Overview, concepts, and definitions ［J］. Industrial Marketing Management, 2017, 60 (1): 4 – 10.

［115］ Kraus S. , Palmer C. , Kailer N. , Kallinger F. L. , Spitzer J. Digital entrepreneurship: A research agenda on new business models for the twenty-first century ［J］. International Journal of Entrepreneurial Behavior and Research，2019，25（2）：353 – 375.

［116］ Kwee Z.，Van Den Bosch F. A. J.，Volberda H. The influence of top management team's corporate governance orientation on strategic renewal trajectories：a longitudinal analysis of Royal Dutch Shell plc，1907 – 2004 ［J］. Journal of Management Studies，2011（48）：984 – 1014.

［117］ Leiponen A. Organization of knowledge and innovation：The case of finish business services ［J］. Industry and Innovation，2005，12（2）：185 – 203.

［118］ Le Mens G.，Hannan M. T.，Pólos L. Age related structural inertia：A distance-based approach ［J］. Organization Science，2015，26（3）：756 – 773.

［119］ Lenka S.，Parida V.，Sjodin D. R.，et al. Exploring the micro-foundations of servitization：How individual actions overcome organizational resistance ［J］. Journal of Business Research，2018（88）：328 – 336.

［120］ Levinthal D. A.，Marino A. Three facets of organizational adaptation：Selection，variety，and plasticity ［J］. Organization Science，2015，26（3）：743 – 755.

［121］ Li D. Y.，Liu J. Dynamic capabilities，environmental dynamism，and competitive advantage：Evidence from China ［J］. Journal of Business Research，2014，67（1），2793 – 2799.

［122］ Lightfoot H. W.，Gebauer，H. Exploring the Alignment between Service Strategy and Service Innovation ［J］. Journal of Service Management，2011，22（5）：664 – 683.

［123］ Lin Y.，Luo J.，Ieromonachou P.，et al. Strategic orientation of servitization in manufacturing firms and its impacts on firm performance ［J］. Industrial Management & Data Systems，2019，119（2）：292 – 316.

［124］ Liu Z.，Ming X.，Song W.，et al. A perspective on value co-creation-oriented framework for smart product-service system ［J］. Procedia CIRP，2018，73（1）：155 – 160.

［125］ Lori R.，Atul N. Beyond local search：Boundary-spanning，exploration，and impact in the optical disk industry ［J］. Strategic Management Journal，

2001, 22 (4): 287 – 306.

[126] Lütjen H. , Schultz C. , Tietze F. , et al. Managing ecosystems for service innovation: A dynamic capability view [J]. Journal of Business Research, 2019, 104 (1): 506 – 519.

[127] Malodia S. , Gupta S. , Jaiswal A. K. Reverse innovation: a conceptual framework [J]. Journal of the Academy of Marketing Science, 2020, 48 (9): 1009 – 1029.

[128] Manzakoğlu B. T. , Er Ö. Design management capability framework in global value chains: Integrating the functional upgrading theory from OEM to ODM and OBM [J]. The Design Journal, 2018, 21 (1): 139 – 161.

[129] March J. G. The evolution of evolution [A]. pp. 39 – 52, in Joel A. C. Baum and Jitendra V. Singh (eds), Evolutionary dynamics of organizations [M]. 1994, New York: Oxford University Press.

[130] Marsick V. J. , Watkins K. E. Demonstrating the value of an organization's learning culture: the dimensions of the learning organization questionnaire [J]. Advances in Developing Human Resources, 2003, 5 (2): 132 – 151.

[131] Marta Domínguez – CC, Carmen Barroso – Castro. Managerial change and strategic change: The temporal sequence [J]. Journal of Management & Organization , 2017, 23 (1): 46 – 73.

[132] Masadeh R. , Al – Henzab J. , Tarhini A. , Obeidat B. Y. The associations among market orientation, technology orientation, entrepreneurial orientation and organizational performance [J]. Benchmarking: An International Journal, 2018, 25 (8): 3117 – 3142.

[133] Matarazzo M. , Penco L. , Profumo G. , et al. Digital transformation and customer value creation in Made in Italy SMEs: A dynamic capabilities perspective [J]. Journal of Business Research, 2021, 123 (2): 642 – 656.

[134] McArthur L. Z. , Baron R. M. Toward an ecological theory of social perception [J]. Psychological Review, 1983, 90 (3): 215 – 238.

[135] Mckinley W. , Latham S. , Braun M. Organizational decline and innovation: Turnarounds and downward spirals [J]. Academy of Management Review, 2014, 9 (1): 88 – 110.

［136］ Mert T. , Lauren S. Beitelspacher. Supply chain networks and service-domi-
nant logic：Suggestions for future research ［J］. International Journal of Phys-
ical Distribution & Logistics Management, 2011, 41 (7)：717 – 726.

［137］ Mikalef P. , Pateli A. Information technology-enabled dynamic capabilities
and their indirect effect on competitive performance：Findings from PLS –
SEM and fsQCA ［J］. Journal of Business Research, 2017, 70 (1)：1 –
16.

［138］ Miller K. D. , Gomes E. , Lehman D. W. Strategy restoration ［J］. Long
Range Planning, 2019, 52 (5)：101855.

［139］ Milliken F. J. Three types of perceived uncertainty about the environment：
State, effect, and response uncertainty ［J］. Academy of Management Re-
view, 1990, 12 (1)：133 – 143.

［140］ Mont O. K. Clarifying the concept of product-service system ［J］. Journal of
Cleaner Production, 2002, 10 (3)：237 – 245.

［141］ Morgan R. E. , Strong C. A. Business performance and dimensions of strate-
gic orientation ［J］. Journal of Business Research, 2003, 56 (3)：163 –
176.

［142］ Mu J. , Di Benedetto C. A. Strategic orientations and new product commer-
cialization：mediator, moderator, and interplay ［J］. R&D Management,
2011, 41 (4)：337 – 359.

［143］ Narver J. C. , Slater S. F. The effect of a market orientation on business prof-
itability ［J］. Journal of Marketing, 1990, 54 (4)：20 – 35.

［144］ Nasution H. N. , Mavondo F. T. , Matanda M. J. , et al. Entrepreneurship：
Its relationship with market orientation and learning orientation and as ante-
cedents to innovation and customer value ［J］. Industrial Marketing Manage-
ment, 2011, 40 (3)：336 – 345.

［145］ Nelson R. , Winter S. An Evolutionary theory of economic ［M］. Change.
Cambridge, MA, 1982.

［146］ Ocasio W. , Laamanen T. , Vaara E. Communication and attention dynam-
ics：An attention-based view of strategic change ［J］. Strategic Management
Journal, 2018, 39 (1)：155 – 167.

［147］ Paschou T. , Rapaccini M. , Adrodegari F. , et al. Digital servitization in manufacturing： A systematic literature review and research agenda ［J］. Industrial Marketing Management，2020，89（8）：278 - 292.

［148］ Paulraj A. Understanding the relationships between internal resources and capabilities，sustainable supply management and organizational sustainability ［J］. Journal of Supply Chain Management，2011，47（1）：19 - 37.

［149］ Peltola S. Can an old firm learn new tricks? A corporate entrepreneurship approach to organizational renewal ［J］. Business Horizons，2012，55（1）： 43 - 51.

［150］ Plé L. Why do we need research on value co-destruction? ［J］. Journal of Creating Value，2017，3（2）：162 - 169.

［151］ Prahalad C. K. ，Hamel G. Strategy as a field of study： Why search for a new paradigm? ［J］. Strategic Management Journal，1994，15（S2）：5 - 16.

［152］ Prajogo D. I. ，Ahmed P. K. Relationships between innovation stimulus，innovation capacity，and innovation performance ［J］. R&D Management，2006，36（5）：499 - 515.

［153］ Purkayastha S. ，Manolova T S，Edelman L F. Diversification and Performance in Developed and Emerging Market Contexts： A Review of the Literature ［J］. International Journal of Management Reviews，2012，14（1）： 1838.

［154］ Rachinger M. ，Rauter R. ，Müller C. ，Vorraber W. ，Schirgi E. Digitalization and its influence on business model innovation ［J］. Journal of Manufacturing Technology Management，2019，30（8）：1143 - 1160.

［155］ Raza - Ullah，T. Experiencing the paradox of coopetition： A moderated mediation framework explaining the paradoxical tension-performance relationship ［J］. Long Range Planning，2020，53（1）：101863.

［156］ Reimann F. ，Ketchen D. J. Power in supply chain management ［J］. Journal of Supply Chain Management，2017，53（2）：3 - 9.

［157］ Sarta A. ，Durand R. ，Vergne J. P. Organizational adaptation ［J］. Journal of Management，2021，47（1）：43 - 75.

［158］ Scherer J. O. ，Kloeckner A. P. ，Ribeiro J. ，Pezzotta G. ，Pirola F. Product-service system（PSS）design： Using design thinking and business analyt-

ics to improve PSS design ［J］. Procedia CIRP, 2016, 47 (6): 341 –
346.

［159］ Schmidt J. , Makadok R. , Keil T. Customer-specific synergies and market
convergence ［J］. Strategic Management Journal, 2016 (37): 870 – 895.

［160］ Scott W. R. Organizational sociology ［M］. Routledge, 2016.

［161］ Scott W. R. Organizations: Rational, Natural, and Open Systems (5th edi-
tion) ［M］. Englewood Cliffs, NJ: Prentice – Hall, 2003.

［162］ Senyard J. , Baker T. , Steffens P. , Davidsson P. Bricolage as a path toin-
novativeness for resource-constrained new firms ［J］. Journal of Product Inno-
vation Management, 2014, 31 (2): 211 – 230.

［163］ Shah H. A. , Yasir M. , Majid A. , Yasir M. , Javed A. Promoting strategic
performance through Strategic Orientation and Strategic Renewal: A Modera-
ted Mediation Model ［J］. Management Decision, 2020, 58 (2): 376 –
392.

［164］ Shen H. , Mei N. , Gao Y. Matching entrepreneurial orientation and opera-
tions strategy for manufacturing firms in China ［J］. Operations Management
Research, 2020, 13 (1): 39 – 52.

［165］ Sirmon D. G. , Hitt M. A. , Ireland R. D. , et al. Resource orchestration to
create competitive advantage: breadth, depth, and life cycle effects ［J］.
Journal of Management, 2011, 37 (5): 1390 – 1412.

［166］ Sjödin D. , Parida V. , Jovanovic M. , Visnjic I. Value creation and value-
capture alignment in business model innovation: A process view on outcome-
based business models ［J］. Journal of Product Innovation Management,
2020, 37 (2): 158 – 183.

［167］ Sjödin D. Knowledge processing and ecosystem co-creation for process innova-
tion: Managing joint knowledge processing in process innovation projects
［J］. International Entrepreneurship and Management Journal, 2019, 15
(1): 135 – 162.

［168］ Sklyar A. , Kowalkowski C. , Sörhammar D. , et al. Resource integration
through digitalisation: a service ecosystem perspective ［J］. Journal of Mar-
keting Management, 2019a, 35 (11 – 12): 974 – 991.

［169］ Sklyar A. , Kowalkowski C. , Tronvoll B. , Sörhammar D. Organizing for digital servitization: A service ecosystem perspective [J]. Jounary of Business Research, 2019b, 104 (11): 450 – 460.

[170] Spector P. E. Summated rating scale construction: an introduction [M]. Newbury Park, CA, 1992.

[171] Srinivasan R., Lilien G. L., Rangaswamy A. Technological opportunism and radical technology adoption: An application to e-business [J]. Journal of Marketing, 2002, 66 (3): 47 – 60.

[172] Staber U., Sydow J. Organizational adaptive capacity a structuration perspective [J]. Journal of Management Inquiry, 2002, 11 (4): 408 – 424.

[173] Struyf B., Galvani S., Matthyssens P., Bocconcelli R. Toward a multilevel perspective on digital servitization [J]. International Journal of Operations & Production Management, 2021, Vol. ahead-of-print No. ahead-of-print. https://doi. org/10. 1108/IJOPM – 08 – 2020 – 0538.

[174] Sturgeon T. Modular production networks: A new American model of industrial organization [J]. Industrial and Corporate Change, 2002, 11 (3): 451 – 496.

[175] Suppatvech C., Godsell J., Day S. The roles of Internet of Things technology in enabling servitized business models: A systematic literature review [J]. Industrial Marketing Management, 2019 (82): 70 – 86.

[176] Teece D. J. A capability theory of the firm: an economics and (strategic) management perspective [J]. New Zealand Economic Papers, 2019, 53 (1): 1 – 43.

[177] Thwaites D., Glaister K. Strategic responses to environmental turbulence [J]. International Journal of Bank Marketing, 1992, 10 (3): 33 – 40.

[178] Tieng K., Jeenanunta C., Chea P., et al. Roles of customers in upgrading manufacturing firm technological capabilities toward industry 4. 0 [J]. Engineering Management Journal, 2021: 1 – 12.

[179] Tsou H. T., Cheng C., Hsu H. Y. Selecting business partner for service delivery Co – innovation and competitive advantage [J]. Management Decision, 2015, 53 (9): 2107 – 2134.

[180] Vargo S. L., Lusch R. F. Institutions and axioms: an extension and update of service-dominant logic [J]. Journal of the Academy of Marketing Science,

2016, 44（1）：5 – 23.

[181] Vargo S. L., Lusch R. F. Service-dominant logic： continuing the evolution [J]. Journal of the Academy of Marketing Science, 2008, 36（1）：1 – 10.

[182] Vezzoli C., Ceschin F., Diehl J. C. Product – Service Systems Development for Sustainability. A New Understanding [C]. In： Vezzoli, C., Garcia Parra, B., Kohtala, C.（eds）Designing Sustainability for All [A]. Lecture Notes in Mechanical Engineering. 2021, Springer, Cham. https：//doi. org/10. 1007/978 – 3 – 030 – 66300 – 1_1

[183] Visnjic I., Wiengarten F., Neely A. Only the brave： Product innovation, service business model innovation, and their impact on performance [J]. Journal of Product Innovation Management, 2016, 33（1）：36 – 52.

[184] Voss G. B., Voss Z. G. Strategic orientation and firm performance in an artistic environment [J]. Journal of Marketing, 2000, 64（1）：67 – 83.

[185] Wallin J., Parida V., Isaksson, O. Understanding product-service system innovation capabilities development for manufacturing companies [J]. Journal of Manufacturing Technology Management, 2015, 26（5）：763 – 787.

[186] Wang J., Xue Y., Yang J. Boundary-spanning search and firms' green innovation： The moderating role of resource orchestration capability [J]. Business Strategy and the Environment, 2020, 29（2）：361 – 374.

[187] Wernerfelt B. A resource-based view of the firm [J] Strategy Management Journal, 1984, 5（2）：171 – 180.

[188] Wieland H., Koskela – Huotari K., Vargo S. L. Extending actor participation in value creation： an institutional view [J]. Journal of Strategic Marketing, 2016, 24（3 – 4）：210 – 226.

[189] Zahavi T., Lavie D. Intra-industry diversification and firm performance [J]. Strategic Management Journal, 2013, 34（8）：978 – 998.

[190] Zhou K. Z., Yim C. K., Tse D. K. The effects of strategic orientations on technology-and market-based breakthrough innovations [J]. Journal of Marketing, 2005, 69（2）：42 – 60.

附　　录

尊敬的先生/女士：

您好！

万分感谢您愿意抽出宝贵时间填写这份问卷！您只需根据实际情况匿名作答，本问卷所获取的信息仅作研究用途不涉及商业性质，您的个人信息和填写内容绝不会被泄露。

谢谢配合！

1. 贵公司规模　［单选题］＊

○小型企业
○中型企业
○大型企业

2. 贵公司年龄　［单选题］＊

○5 年以内
○6～10 年
○11～15 年
○16 年及以上

3. 贵公司所有制形式　［单选题］＊

○国有企业
○民营企业
○三资企业
○其他

4. 贵公司提供服务的时间　［单选题］＊

○2018 年以后
○2017 年及以前

5. 贵公司投入各项创新活动（如获取外部知识、购买仪器设备、内部研发等）的支出占公司营业收入的比重_____行业平均水平　［单选题］＊

○高于
○等于
○低于

6. 贵公司所在的行业　［单选题］＊

○非制造企业
○通信、电子设备制造业
○化学化工制造业
○通用设备制造业
○电气机械、器材制造业
○交通运输设备制造业
○金属、非金属制造业
○专用设备制造业
○家具制造业
○其他制造业

7. 贵公司在供应链中占据主导地位　［单选题］＊

○非常不符合
○不符合
○一般
○符合
○非常符合

8. 近五年来，贵公司未对正式组织结构进行调整 ［单选题］ ＊

○非常不符合
○不符合
○一般
○符合
○非常符合

9. 贵公司投入大量资金以提升数字化水平 ［单选题］ ＊

○非常不符合
○不符合
○一般
○符合
○非常符合

（请您根据贵公司 2017～2019 年实际情况回答以下问题。您无须考虑对错，只需根据您的理解与感觉来评估贵公司的实际情况并进行打分，"1→5"代表"非常不符合→非常符合"。）

10、	1	2	3	4	5
2017～2019 年，公司追求顾客的创造					
2017～2019 年，公司可以快速回应竞争者的行动					
2017～2019 年，公司追求目标市场的竞争优势机会					
2017～2019 年，公司的所有部门都致力于创造顾客价值					

11、	1	2	3	4	5
2017～2019 年，我们的新产品所使用的技术通常都是当前最新的技术					
2017～2019 年，创新技术已经应用在我们的新产品开发管理中					
2017～2019 年，公司积极地寻找创新构想					
2017～2019 年，公司鼓励员工提出对于新产品发展的创新构想					

12、	1	2	3	4	5
2017～2019 年，我们公司，员工被赋予了更多权利来进行自我管理					
2017～2019 年，我们公司更强调通过变革获得成功而不是失败					
2017～2019 年，我们公司总是在不断地寻求新的发展机会					
2017～2019 年，我们公司把失败看作是可被积累的经验					

13、	1	2	3	4	5
2017～2019 年，公司从组织内部和外部获取与产品、服务相关的资源					
2017～2019 年，公司以各种方式积累与产品、服务相关的资源					
2017～2019 年，公司通过获取或剥离部分资源以改善与产品、服务相关的资源构成					
2017～2019 年，公司通过获取、积累与剥离等活动形成企业新资源池					

14、	1	2	3	4	5
2017～2019 年，公司通过建立资源组合以生成必要产品、服务能力					
2017～2019 年，公司通过优化资源组合以提升现有产品、服务能力					
2017～2019 年，公司重新组合部分资源以形成新的产品、服务能力					
2017～2019 年，公司通过整合资源来形成新的能力					

15、	1	2	3	4	5
2017～2019 年，公司有计划和目标地使用相关产品、服务能力					
2017～2019 年，公司根据各项业务需要动态配置相关产品、服务能力					
2017～2019 年，公司根据市场机会和企业战略灵活部署相关产品、服务能力					
2017～2019 年，公司利用企业能力来完成对特定商业机会的开发					

（请您根据贵公司 2020 年实际情况回答以下问题。您无须考虑对错，只需根据您的理解与感觉来评估贵公司的实际情况并进行打分，"1→5"代表"非常不符合→非常符合"。）

16、	1	2	3	4	5
2017～2020 年，我们行业的增长机会是不可预测的					
2017～2020 年，在我们这个行业，客户的偏好变化很快					
2017～2020 年，在我们这个行业，产业创新的变化率非常高					
2017～2020 年，在我们这个行业，政府政策的变化速度快					

17、	1	2	3	4	5
2020 年与过去相比，公司的市场占有率提升					
2020 年与过去相比，公司的收入增长率提升					
2020 年与过去相比，公司的投资回报率提升					
2020 年与过去相比，员工的劳动生产率提高					

18、	1	2	3	4	5
2020 年与过去相比，公司更好地响应了行业变化					
2020 年与过去相比，公司更快地响应了竞争对手产品服务变化					
2020 年与过去相比，公司更快地抓住了商业机会					
2020 年与过去相比，公司采用新技术的速度更快					

问卷结束，感谢您的参与！

后　记

　　《网络时代制造企业跨界转型的路径与对策研究》一书是在承担国家哲学社会科学基金一般项目"网络时代制造企业跨界转型的路径与对策研究"（项目批准号：17BGL082）基础上完成的。项目研究成果获得了鉴定评审专家和国家哲学社会科学工作办公室的好评，以良好等级结题。

　　项目组秉承实事求是、从实践中来到实践中去的科学研究态度，进行了大量企业实地调研，在完成一系列高水平阶段性研究成果的同时，整理出版了多篇调研企业入库案例。项目组立足于我国经济发展与企业成长的先进实践，反思既有管理理论的不足与缺口，充分理解管理理论的中国贡献与东方智慧，力争做"将论文写在祖国大地上"的践行者。《网络时代制造企业跨界转型的路径与对策研究》一书呈现了项目组在实地调研中观察到的我国制造企业的先进实践，为进一步推进我国制造企业的高质量发展给出了"硬件＋软件＋服务"的跨界转型路径与对策。

　　感谢国家哲学社会科学基金与教育部创新团队发展计划的资助和支持。感谢《制造业高质量发展与企业成长》丛书主编杨蕙馨教授为成果出版所给予的帮助与指导。感谢阶段性成果合作者刘如月、姜梦娜、田英杰、孙梦婷、穆耀、马佳琪与陈晗在书稿撰写中给予的支持。

冯文娜

2022 年冬于泉城济南